Karin Eder

Weihnachts-dekoration häkeln

100 Projekte mit Häkelschrift

Leopold Stocker Verlag
Graz – Stuttgart

Umschlaggestaltung: DSR – Werbeagentur Rypka, A-8143-Dobl/Graz
Titelbild: Karin Haas, Graz, www.karinhaas.com
Bildnachweis: Karin Haas, Graz, www.karinhaas.com
Häkelschrift: Karin Eder

Bibliographische Information der Deutschen Nationalbibliothek
Die Deutsche Nationalbibliothek verzeichnet diese Publikation in der Deutschen Nationalbibliographie; detaillierte bibliographische Daten sind im Internet über http://dnb.d-nb.de abrufbar.

Hinweis:
Dieses Buch wurde auf chlorfrei gebleichtem Papier gedruckt. Die zum Schutz vor Verschmutzung verwendete Einschweißfolie ist aus Polyethylen chlor- und schwefelfrei hergestellt. Diese umweltfreundliche Folie verhält sich grundwasserneutral, ist voll recyclingfähig und verbrennt in Müllverbrennungsanlagen völlig ungiftig.

Auf Wunsch senden wir Ihnen gerne kostenlos unser Verlagsverzeichnis zu:
Leopold Stocker Verlag GmbH
Hofgasse 5 / Postfach 438
A-8011 Graz
Tel.: +43 (0)316/82 16 36
Fax: +43 (0)316/83 56 12
E-Mail: stocker-verlag@stocker-verlag.com
www.stocker-verlag.com
ISBN 978-3-7020-1813-9

Layout: DSR – Werbeagentur Rypka, A-8143-Dobl/Graz
Druck und Bindung: hm·perfectprintconsult·eu

Inhaltsverzeichnis

Verwendete Materialien und Bezugsquelle

Alle Materialien sind über die Firma Elisa/Belousek erhältlich:

Belousek & Co.
Linzer Straße 235a
1140 Wien / Austria

+43 (0)1 416 44 55-0
www.belousek.at
info@belousek.at

Baumwoll-Häkelgarn Elisa 10, 100 % Baumwolle, Lauflänge: 280 m/50 g: verwendet für Blumen und den weißen Baumschmuck

Wolle Easy, 100 % Acryl, Lauflänge: 125 m/50 g: verwendet für alle Taschen, Hausschuhe etc.

Madeira Nora, Glanzgarn, 80 % Viskose, 20 % metallisiertes Polyester, Lauflänge: 100 m/25 g, erhältlich in vielen Farben: verwendet wurden 12 verschiedene Farben für den anderen Schmuck, Engel, Schneemänner, Herz und Reagenzglas bei den Blumen, erhältlich sind Hellblau, Dunkelblau, Rot, Rosa, Weiß, Rost, Lila, Dunkelgrün, Silber, Gold, Goldsilber und Schwarz.

Als Alternative kann auch Elisa Häkelgarn Nr. 5 mit der Lauflänge: 200 m/50 g, verwendet werden.

Die Formen stammen von der Firma Rahyer und sind auch über die Firma Belousek erhältlich, ebenso Fertigköpfe, Blumenstiele, Engelshaar, Satinbänder oder die Füllung der Rückseiten in den Halbkugeln.

Das Stickgarn Elisa Pergarn Nr. 5 wurde für alle Kreuzstiche und die Schwarzstickerei verwendet, hierbei könnten auch alle Reste, egal ob Perlgarn oder Muline, genutzt werden. Perlgarn Nr. 3 für die Platttstiche, die Kugeln mit 12 cm und für die 6 kleinen mit den Zierstichen. Die ersten beiden Ziffern der Farbnummern geben immer die Stärke an, 63 = Stärke 3, 65 = Stärke 5.

Stoff zum Sticken: Schul-Kongress von Übelhör, 7 Fäden/cm, auch bei der Firma Belousek erhältlich.

Häkelschrift und Erklärungen

- (8) Anzahl der Luftmaschen für Rundenanfänge
- Luftmasche (Lm)
- Feste Masche (fM)
- Halbes Stäbchen (hStb)
- Stäbchen (Stb)
- Doppelstäbchen (Dstb)
- Büschelmasche (Bstb)
- Gabelstäbchen (Gstb)
- Kreuzstäbchen (Kstb)
- feste Masche (Zusammenschließen der Spitze)
- neuer Anfang (Reihe oder Rundenbeginn)
- (Km) Kettmasche

Für Rückfragen:

Fr. Karin Eder
+43 699 11612803
karin.elisabeth.eder@gmail.com

Engel
in der Kugel

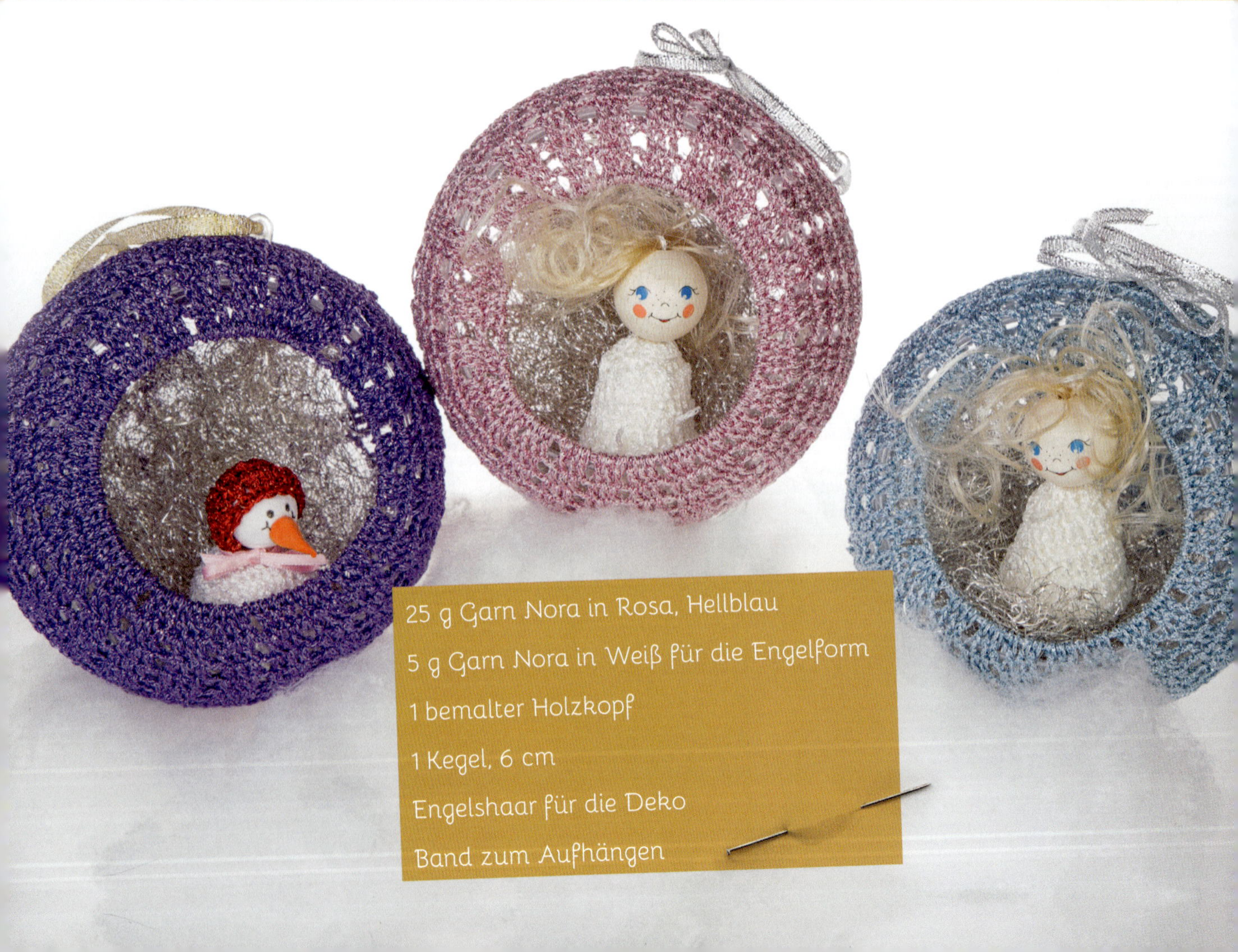

25 g Garn Nora in Rosa, Hellblau

5 g Garn Nora in Weiß für die Engelform

1 bemalter Holzkopf

1 Kegel, 6 cm

Engelshaar für die Deko

Band zum Aufhängen

Engel

Mit einer Luftmaschenkette aus 6 Lm beginnen, mit 1 Km zur Runde schließen.

1. Runde: Jede M verdoppeln = 12 Stb
2. Runde: Jede 2. M verdoppeln = 18 Stb
3. Runde: Jede 3. M verdoppeln = 24 Stb
4. Runde: Jede 4. M verdoppeln = 30 Stb
5. Runde: 30 Stb

Den Styroporkegel einlegen.

Jeweils 2 Stb gemeinsam abmaschen.

Lochkugel für Schneemann und Engel

Die Vorderseite der Lochkugel wird mit einer Luftmaschenkette aus ca. 60 Lm begonnen, sie soll ca. 2 cm kleiner sein als das Loch.

Für die Rückseite der Lochkugel: Insgesamt 6-mal die blaue Runde arbeiten, in die Schlinge die 24 mal 3 Stb, 2 Lm arbeiten.

Die Vorderseite und Rückseite der Lochkugel zuletzt miteinander verbinden.

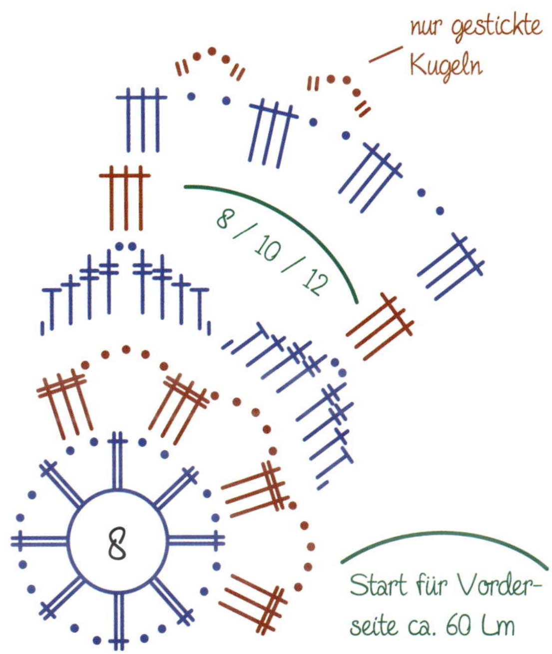

8 cm Kugel = 8 Lm
10 cm Kugel = 10 Lm
12 cm Kugel und Lochkugel = 12 Lm

Kugel

Die Kugel laut Häkelschrift für die Halbkugeln umhäkeln (siehe auch S. 45).

An der Ausschnittkante: Die Luftmaschenkette soll ca. 60 bis 70 Lm ausmachen und etwa 2 cm kleiner sein als der Ausschnitt der Kugel.

Engel-puppe

Original Madeira Nora in Rosa, Hellblau, Weiß, Gold und Silber, Nadel Nr. 2

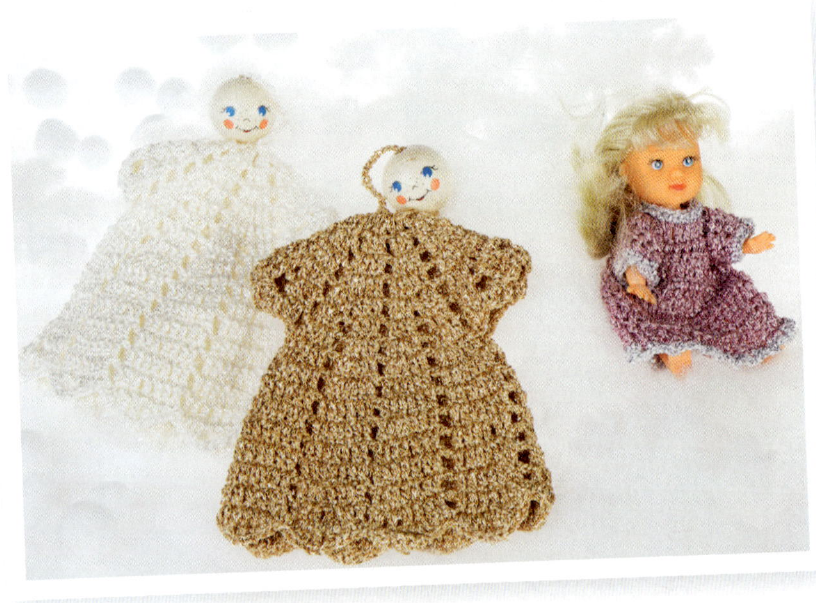

Arm: 12 LM
3 Stb

Anschlag in Gold umhäkeln

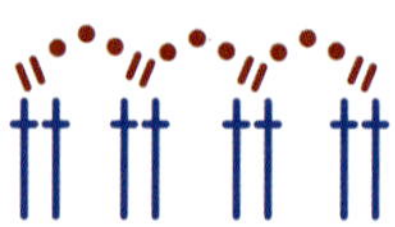

4 Runden gleich weiterarbeiten
18 M verteilt aufnehmen
2 Runden gleich

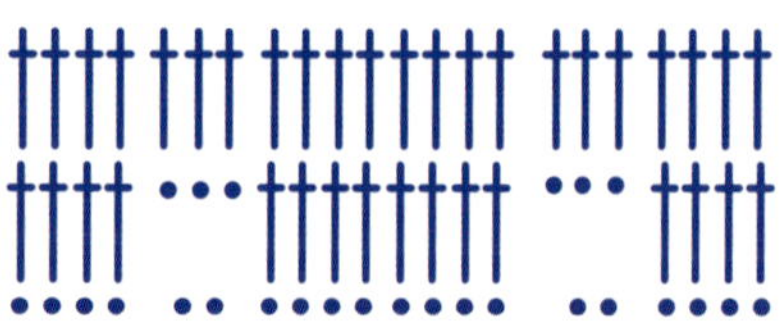

Anschlag in Gold umhäkeln

Tipp

Immer längere Anfangsfäden hängen lassen und diese perfekt als Nähfaden verwenden, da bei dem lockeren Maschengerüst ein neu angeknüpfter Faden leichter durchrutschen kann.

20 Lm häkeln und nach Häkelschrift weiterarbeiten. Die Ärmel evtl. zuerst an der Puppe annähen (die Finger sind relativ gespreizt) und als Letztes die Rückennaht schließen. Falls nötig, mit dem „Vernähfaden" noch kleine „Problemstellen" kaschieren (siehe 1. und 2. Figur links).

Kleidchen
für einen Engel

ca. 15 g Madeira Nora in Weiß, Gold und Silber

Nach Häkelschrift arbeiten.

Siehe Kleidchen rechts am Foto auf S. 6.

Tipp

Am Anfang einen ca. 50 cm langen Faden hängen lassen, mit dem der Kopf und das Engelshaar befestigt werden können.

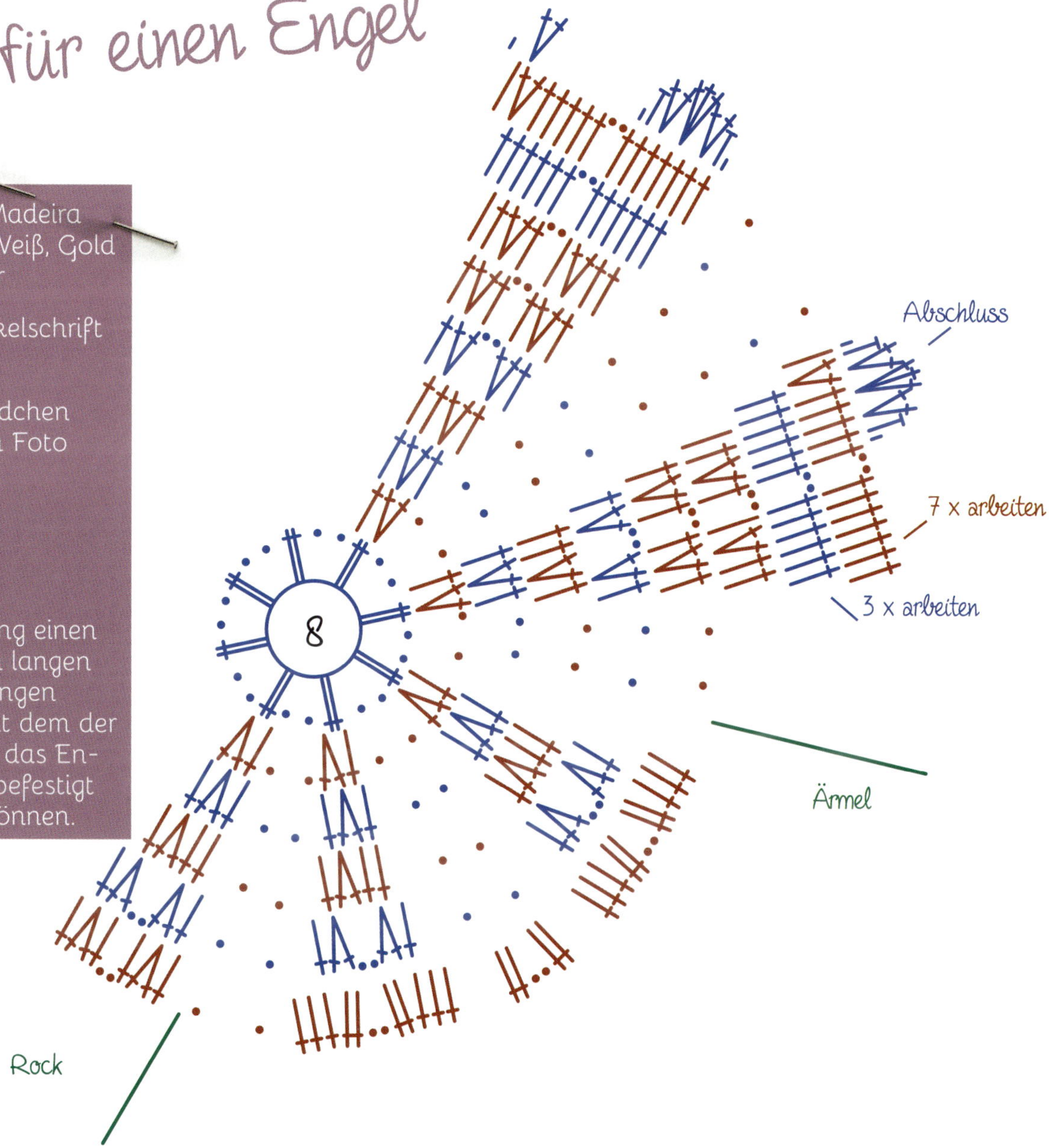

Engel als Standfigur

15 g Garn Nora in Gold, Silber und Weiß

Engelskopf

Engelshaar

2 Perlen als Hände

Styroporkegel, 12 cm, die oberen 2 cm der Spitze abschneiden

60 Luftmaschen anschlagen, 7 Reihen Stb häkeln, die Arbeit doppelt nehmen, 17 Maschen freilassen, über die mittleren 26 Maschen Stb arbeiten, auch über den Anschlag = 52 Stb. Die Arme zusammennähen (siehe 3. Figur von links.).

Der Kegel soll gut umschlossen sein, evtl. ein paar Maschen nach Bedarf zunehmen, ca. 11 Runden arbeiten.

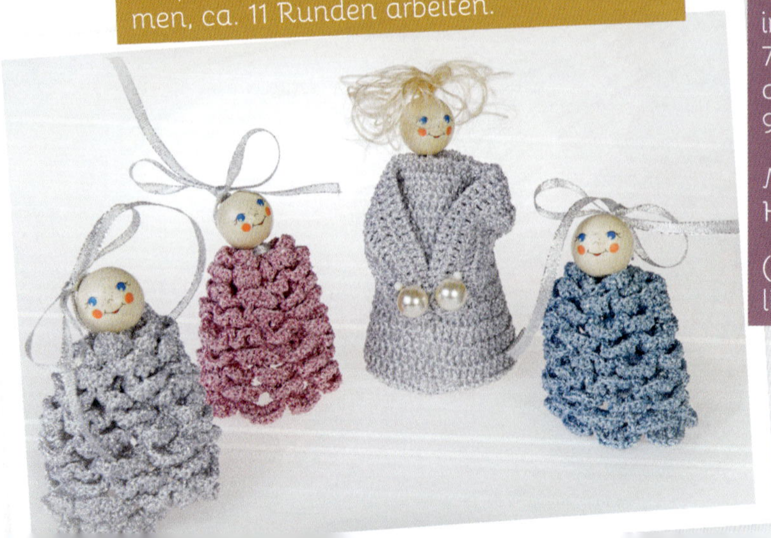

Engel nach Art der Irischen Häkelei

15 g Garn Nora in Gold, Silber, Weiß, Rosa, Hellblau

Bemalter Engelskopf

Engelshaar

Einen ca. 40 cm langen Faden hängen lassen.

Nach Häkelschrift beginnen, ab der 2. Runde wird für jede Runde ein Luftmaschenkranz benötigt. Für diesen mittig in die Blattrunde einstechen und immer so viele Lm häkeln, wie DStb geplant sind, siehe auch Arbeitsfoto.

Die rot gezeichneten DStb beginnen in der 1. Runde mit 3 DStb, in der 2. Runde 4 DStb, in der 3. Runde 5 DStb, in der 4. Runde 6 DStb, in der 5. Runde 7 DStb, in der 6. Runde 7 DStb, in der 7. Runde 7 DStb, in der 8. Runde 8 DStb und in der 9. Runde ebenfalls 8 DStb. Nach der 9. „Blätterrunde" ist der Engel fertig.

Mit dem Anfangsfaden den Kopf und die Haare fixieren.

(Auf dem Foto: 1., 2. und 4. Figur von links.)

Fenster-
bilder

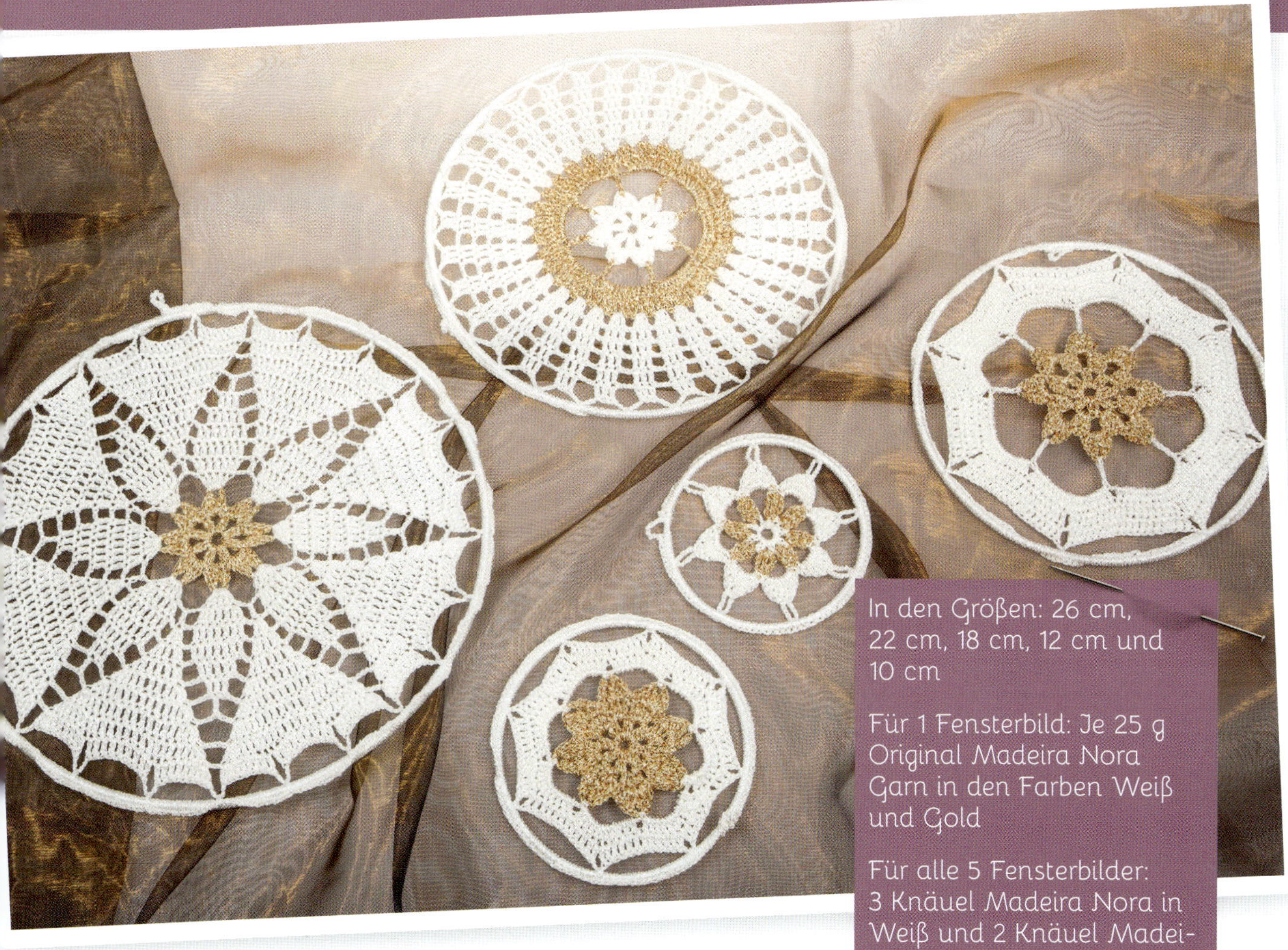

In den Größen: 26 cm, 22 cm, 18 cm, 12 cm und 10 cm

Für 1 Fensterbild: Je 25 g Original Madeira Nora Garn in den Farben Weiß und Gold

Für alle 5 Fensterbilder: 3 Knäuel Madeira Nora in Weiß und 2 Knäuel Madeira Nora in Gold

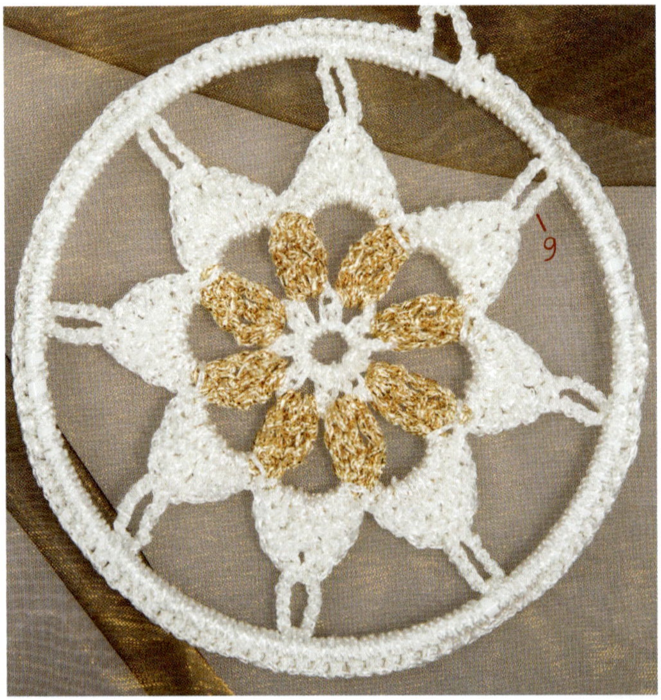

Nach der Häkelschrift arbeiten. Beim Umhäkeln des Ringes die Bögen zwischenfassen. Der Drahtreifen soll dicht umhäkelt und nicht mehr sichtbar ist. Zwischen den mitzufassenden Bögen soll immer etwa die gleiche Anzahl feste Maschen gearbeitet werden.

Blüte wie Halbkugel (S. 45)

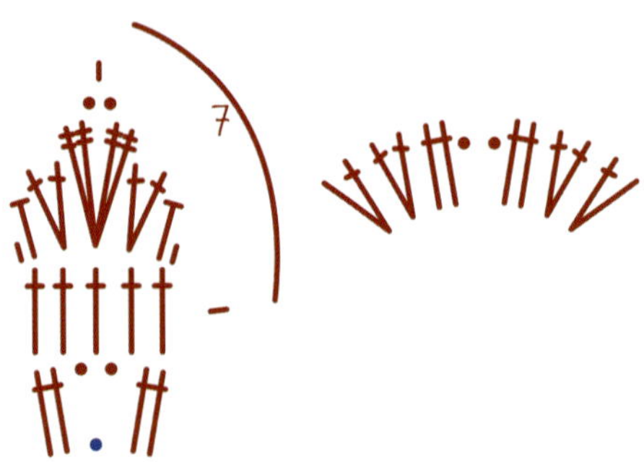

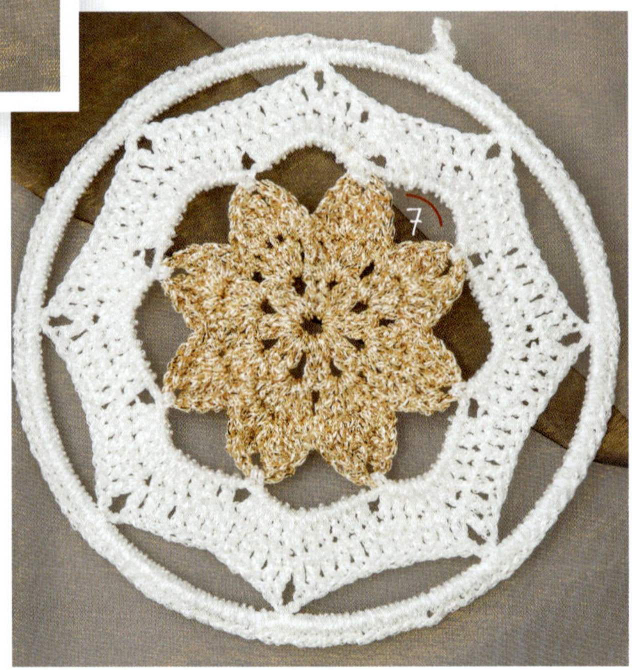

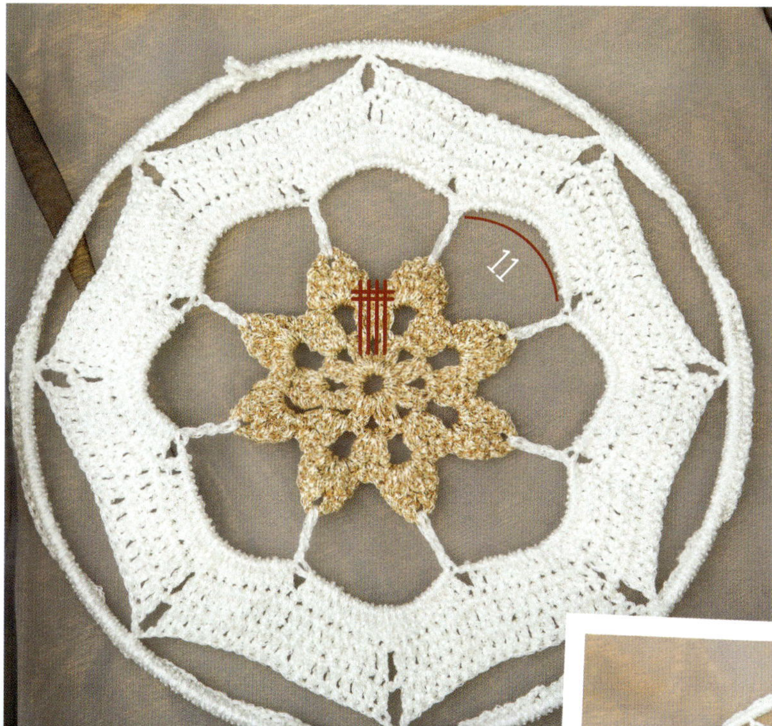
11

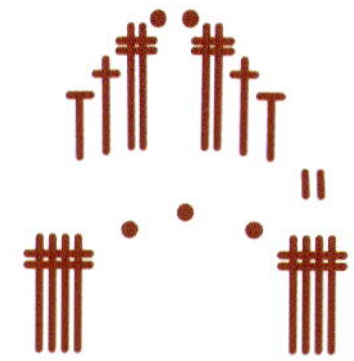

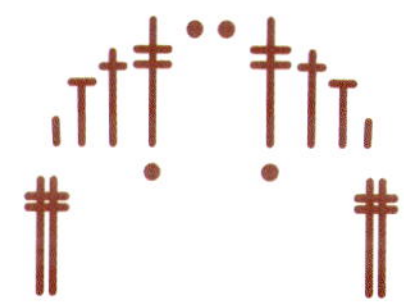

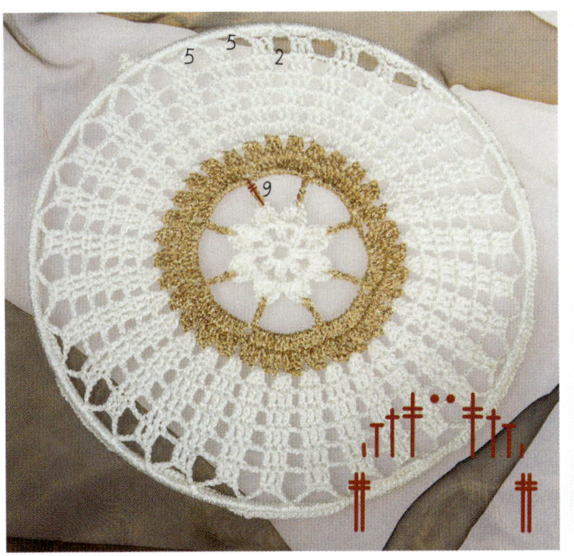
5
5
2
9

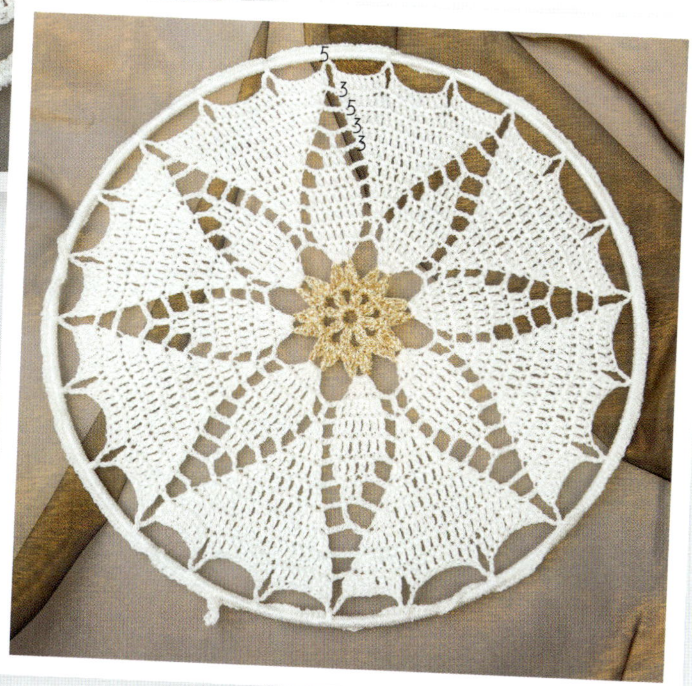
5
3
5
3
3

Wind-lichter

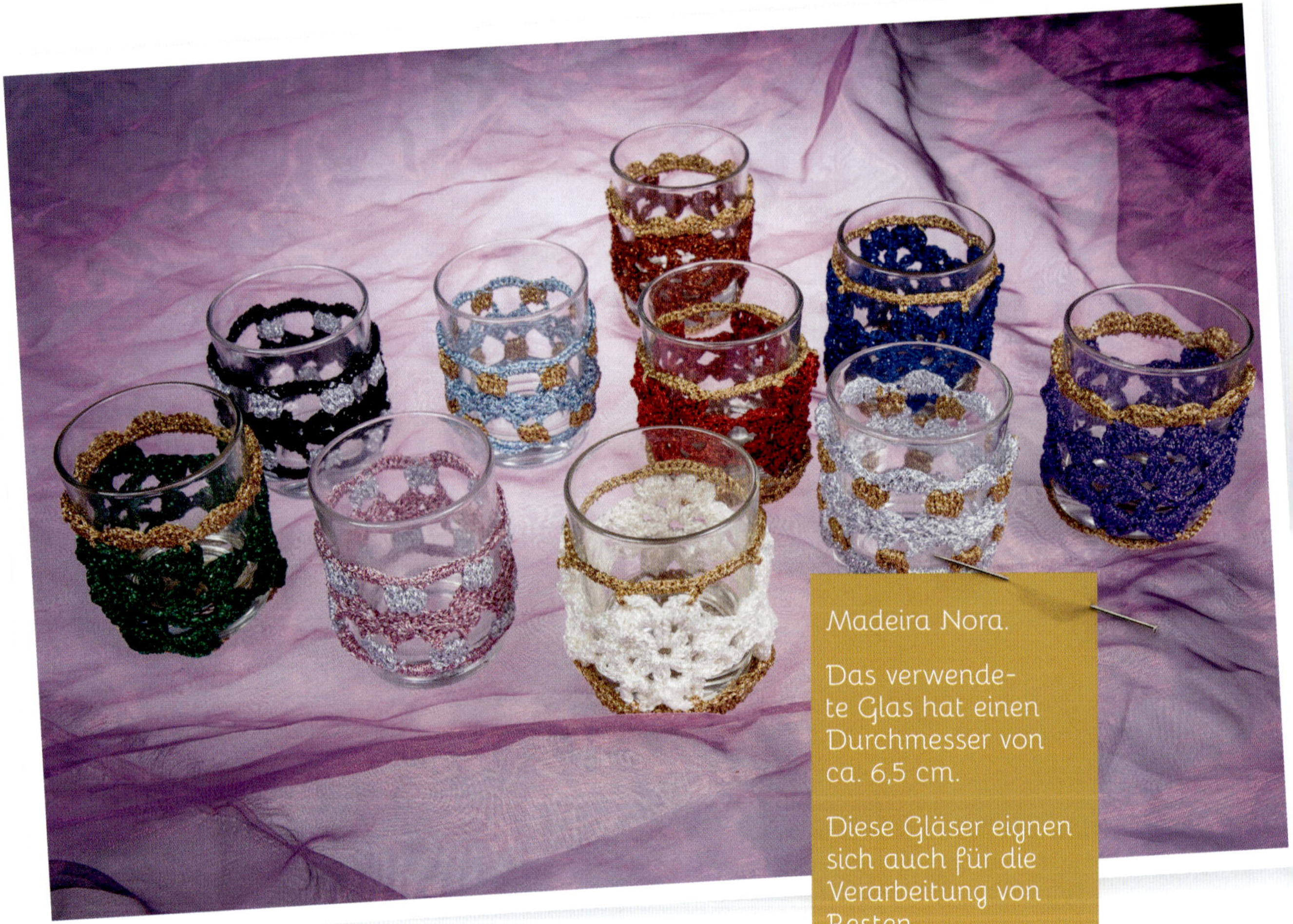

Madeira Nora.

Das verwendete Glas hat einen Durchmesser von ca. 6,5 cm.

Diese Gläser eignen sich auch für die Verarbeitung von Resten.

Musterband

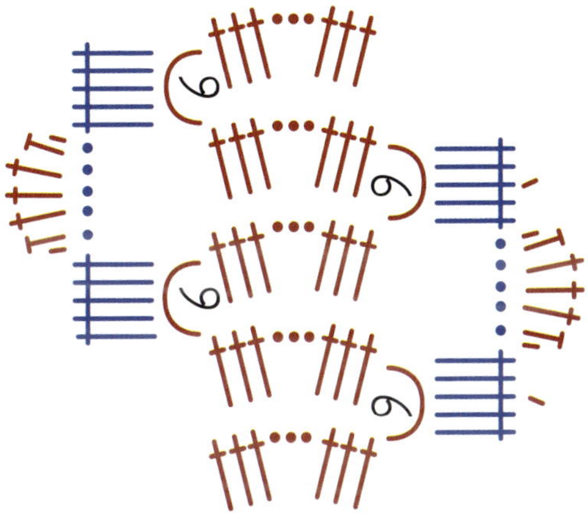

Boden: 3 Blüten in Gold

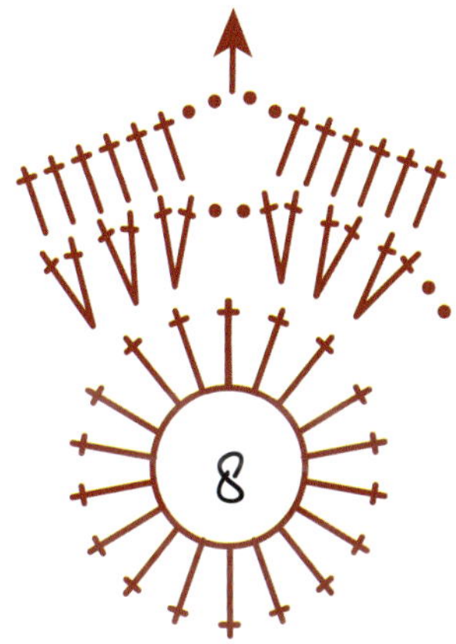

Boden: 4 Blüten mit 24 Stb. beginnen. Letzte Stb. Runde 2x arbeiten

3 Blüten

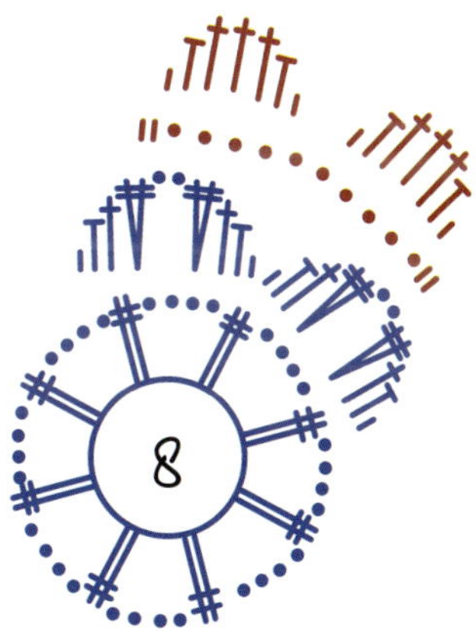

Blüten mit 3 Blütenblättern in den Farben Grün, Violett und Braun

Blüten mit 4 Blütenblättern in den Farben Rot, Weiß und Blau

Band in den Farben Rosa, Hellblau, Silber und Schwarz

Immer mit der Schmuckfarbe in Gold oder Silber

4 Blüten

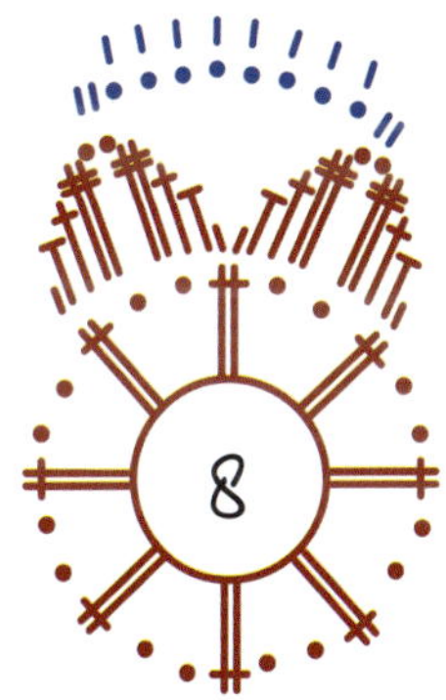

Advent-kalender

Garn Madeira Nora in Rot, Grün, Blau, Lila, Gold,

Goldband zum Aufhängen

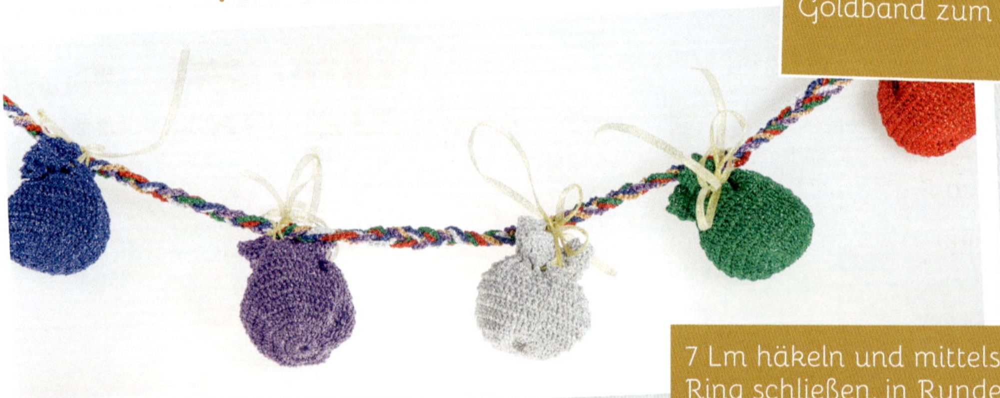

Aufhängeleine: wird aus demselben Garn gehäkelt, das doppelt genommen wird. Es werden 6 Luftmaschenketten in der Länge von 5 Metern gemacht und diese sechs Ketten werden zu einem Zopf geflochten. Er ist etwa 1,5 m lang und an ihm werden die Säckchen aufgehängt.

Sackerl: je 4 Stück pro Farbe oder wie es gefällt

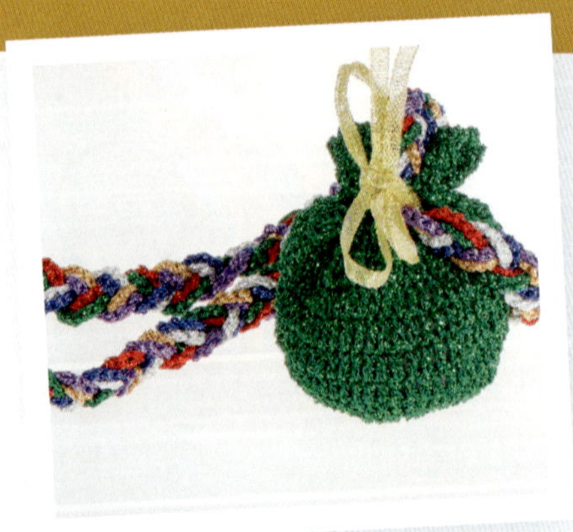

7 Lm häkeln und mittels 1 Km zu einem Ring schließen, in Runde 1 18 Stb um den Ring arbeiten, in Runde 2 jede Masche verdoppeln = 36 Stb, in Runde 3 jede zweite Masche verdoppeln = 54 Stb, ca. 7 Runden gerade weiterarbeiten und Stb häkeln.

Lochreihe: 1 Stb, 1 Lm, 1 Stb überspringen.

Dann 2 Runden Stb arbeiten und zuletzt auf jedes Stb 1 fM, nach je 2 fM 3 Lm häkeln.

Die fertigen Adventkalendersäckchen werden an der Schlinge vom Goldband auf der Leine „aufgefädelt". Das Goldband halbieren, sodass in der Mitte eine Schlinge gebildet wird, und einen Knoten machen. Von der hinteren Mitte aus nach beiden Seiten mit einer dicken Stopfnadel durch die Lochreihe fädeln, zusammenziehen und mit einer Masche an der Aufhängeleine fixieren.

Nikolaus und Krampus

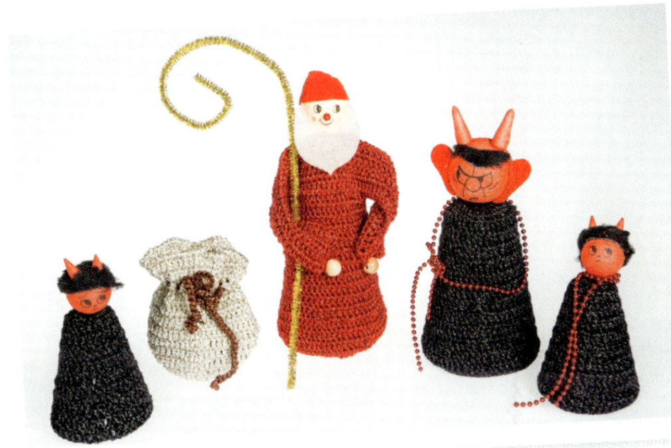

Häkelgarn Nora in Rot, Schwarz, Grau, Gold und Silber, doppelt verwenden

Styroporkegel in 20 cm und 14 cm, jeweils an der Spitze ca 2 cm abschneiden

Pfeifenputzer in Gold für den Nikolausstab

Rute und Kette für den Krampus

Der Nikolaus wird wie der Stehende Engel, siehe S. 8, gehäkelt, sein Sack wie die Sackerl des Adventkalenders, siehe S. 14 – beide mit doppeltem Faden, weil sie dann mehr Stabilität haben.

Für den Krampus

8 Lm anschlagen, mit 1 Km zu einem Ring schließen.

1. Runde: 18 Stb

2. Runde: Jede M verdoppeln = 36 Stb

So weiterarbeiten, dabei soll der Kegel locker überarbeitet werden (wenn die Häkelarbeit stark spannt, schaut der weiße Kegel durch). „Notwendige Maschen" zunehmen, am Foto wurde mit 60 Maschen abgeschlossen.

Nikolaus-stiefel

50 g/100 g Easy in Rot, Reste in Weiß

Der Aufbau ist ähnlich wie für den lila Hausschuh, siehe S. 42, jedoch für den kleinen Stiefel 9 gerade Runden in Rot und 3 Runden in Weiß arbeiten.

Für den großen Stiefel 12 Runden in Rot und 4 Runden in Weiß arbeiten.

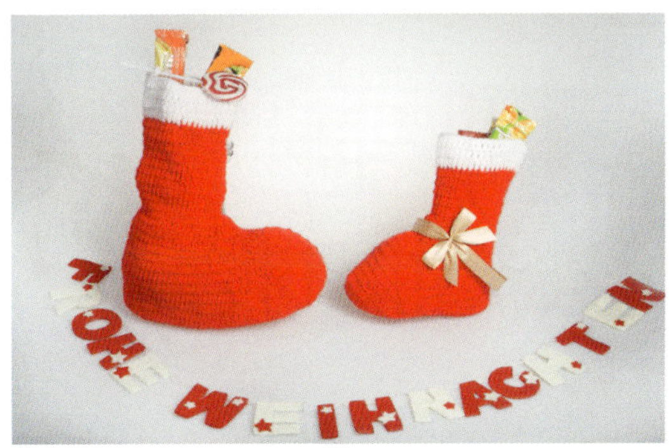

Baumschmuck mit Perlen

Grundmuster

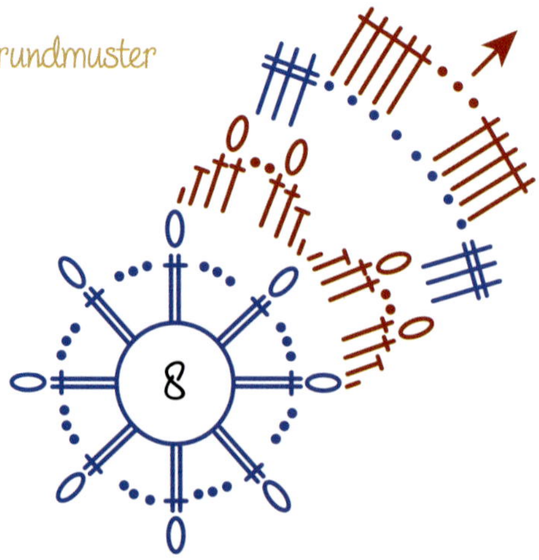

Unteres Ende für Spindel und Zapfen

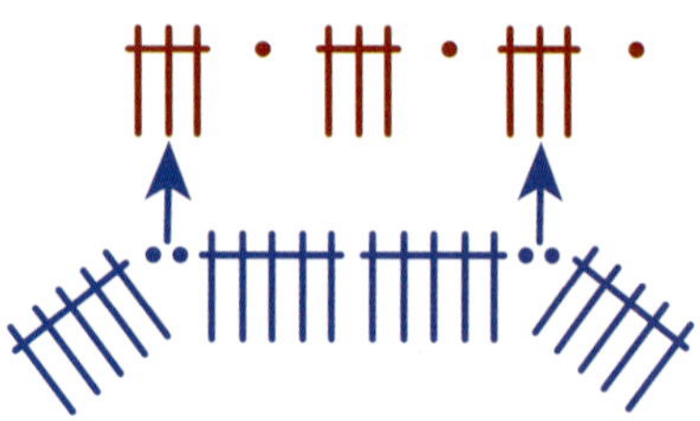

Nora oder Häkelgarn Nr. 5

Perlen, 6 mm

Plexiglas-Formen: Kugel, 8 cm, Medaillon, 9 cm, Zwiebel, Tropfen, 14 cm, Zapfen 12 cm, Spindel, 12 cm, Herz, 8 cm, Glocke, 9 cm, und Stern, 14 cm

Perlen je Mustersatz und Werkstück: 3 Stück.

Grundlage der Gruppe ist die Zeichnung mit 8 Mustersätzen.

Kugel, 8 cm, Medaillon, 9 cm, Zwiebel, Tropfen, 14 cm, Zapfen 12 cm, Spindel, 12 cm (8 Mustersätze mit je 3 Perlen: pro Werkstücke für Vorder- und Rückseite 2 x 24 Perlen)

Herz, 8 cm, Glocke, 9 cm: gleiches Grundmuster, jedoch 9 Mustersätze (2 x 27 Perlen)

Stern, 14 cm: gleiches Grundmuster, jedoch 10 Mustersätze (30 Perlen)

Tropfen oben

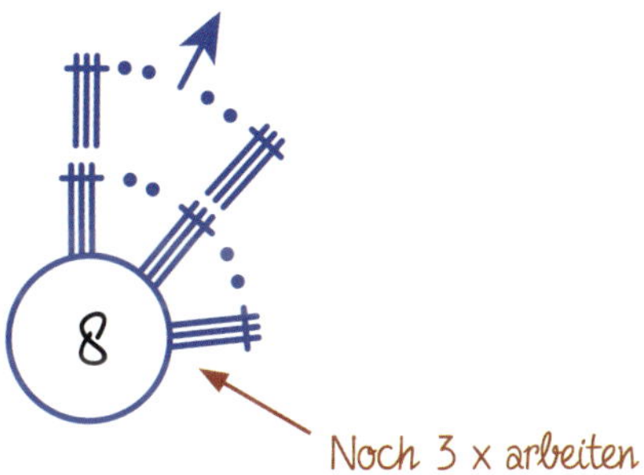

Spitze Stern

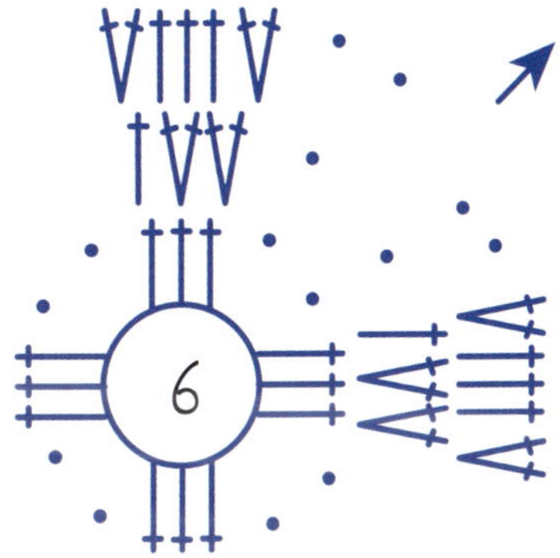

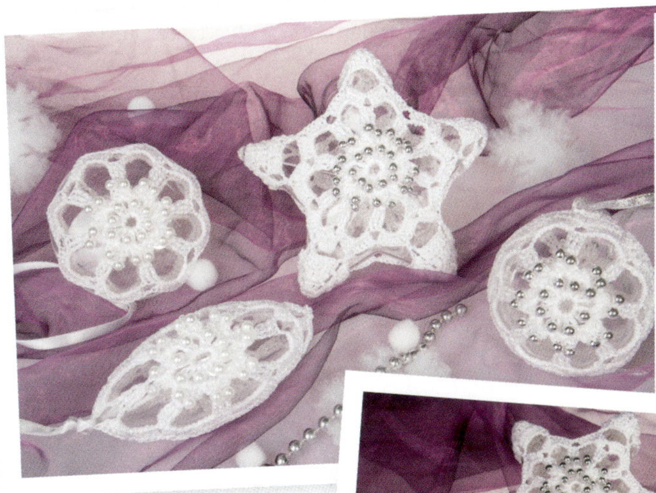

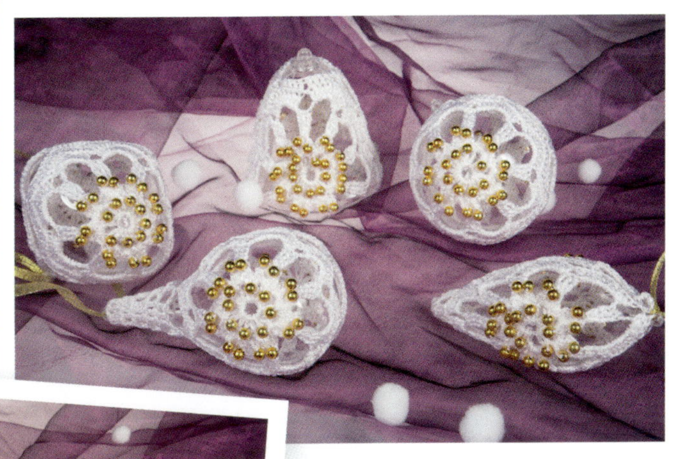

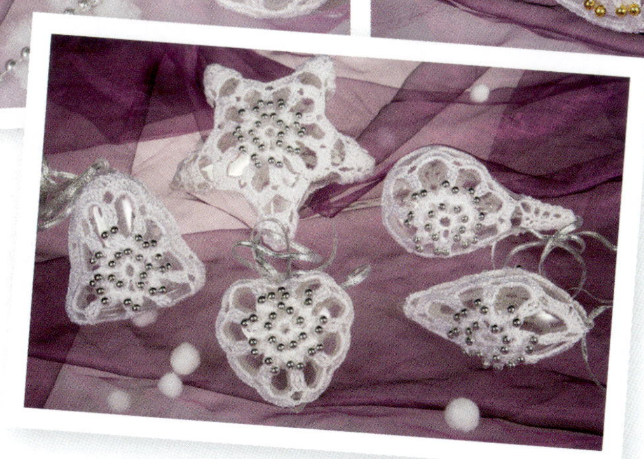

Baumschmuck
in Silber mit Blüten

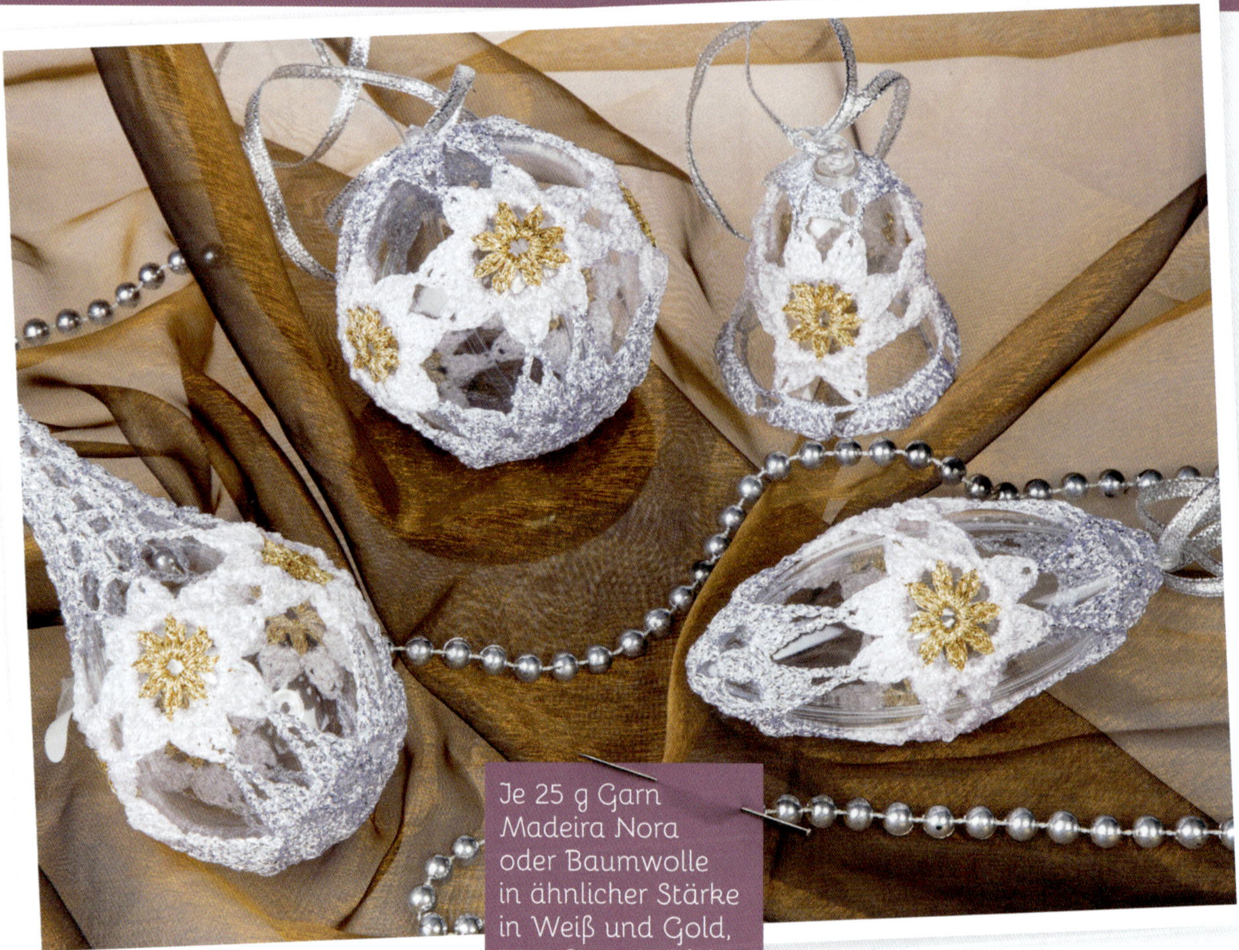

Je 25 g Garn Madeira Nora oder Baumwolle in ähnlicher Stärke in Weiß und Gold, 75 g Garn Madeira Nora in Silber

Tropfen silber oben

siehe Glocke
• 10 Mustersätze

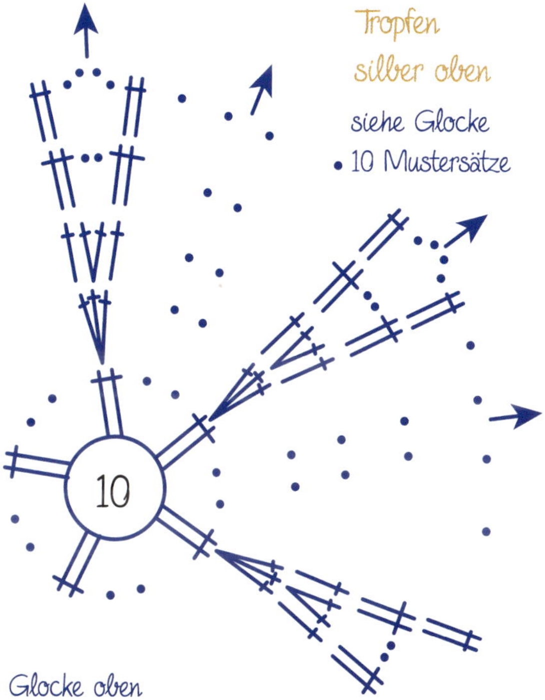

Glocke oben

Glocke silber 2

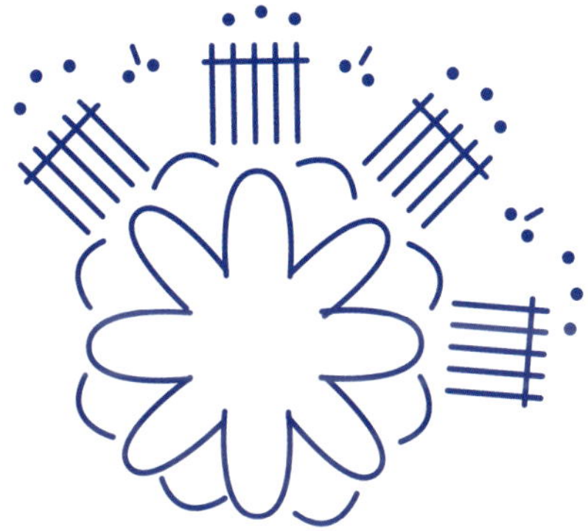

Abschluss Glocke silber

Glocke silber oben

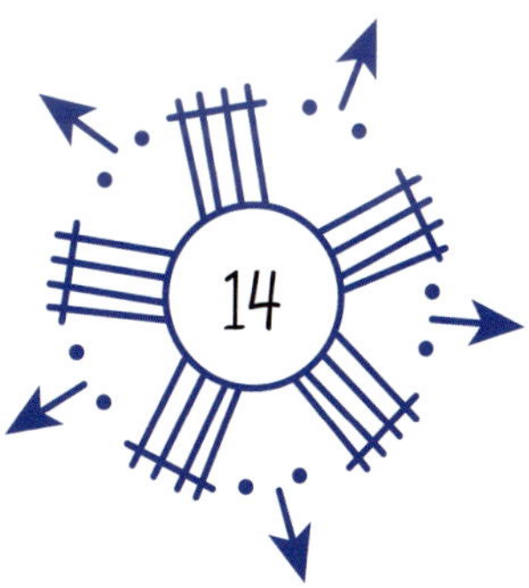

Blüte

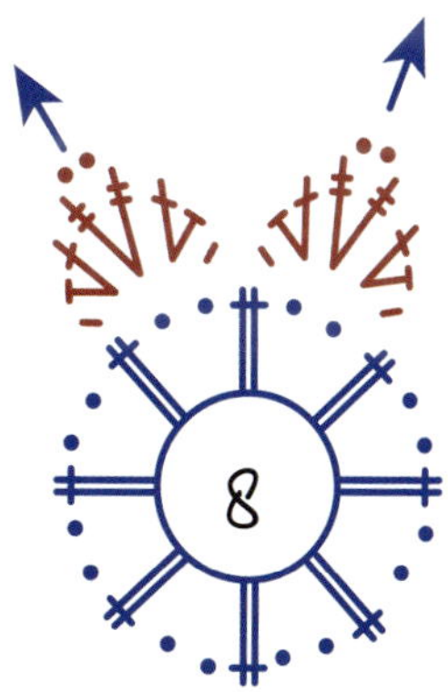

Zapfen silber
Blüte

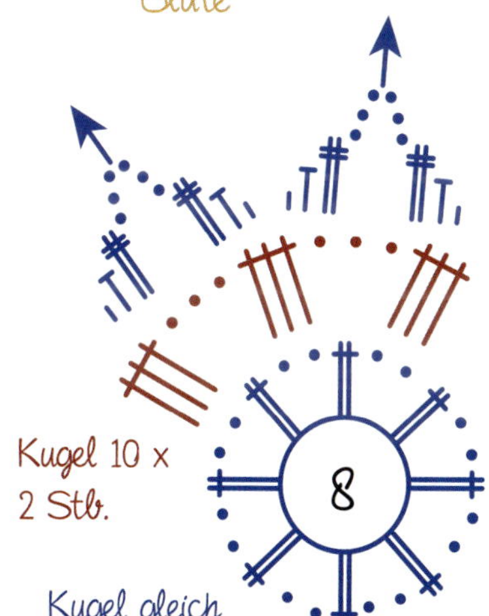

Kugel gleich
5 Blüten
Tropfen unten

Baumschmuck mit Brügger Band

Je 50 g Garn Madeira Nora in Dunkelblau und Gold

Formen: Kugel, 8 cm, Tropfen, 14 cm, Zapfen, 12 cm, Glocke, 7,5 cm

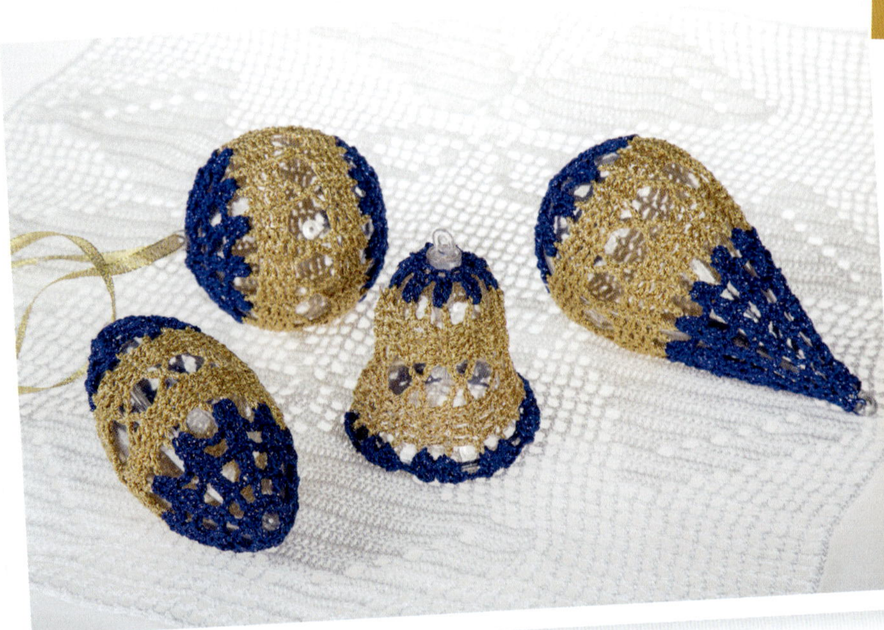

Das Band besteht immer aus 4 Stb und 6 Wlm.

Es wird doppelt gearbeitet, dabei wird die Luftmaschenkette verbunden.

Der Name leitet sich von den optisch sehr ähnlichen Spitzen ab, welche in Brügge produziert wurden.

Für die Kugel und den Tropfen 12 Verbindungen arbeiten, für die Glocke 9 und für den Zapfen 8.

Glocke

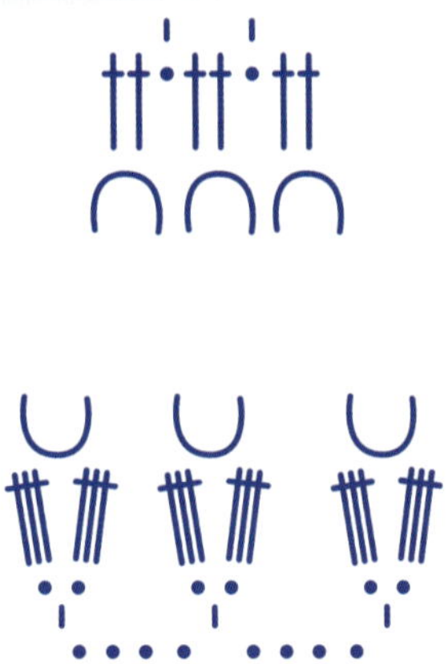

9 Schlingen
8 Schlingen
Zapfen

Tropfen Kugel blau
Brügger Band

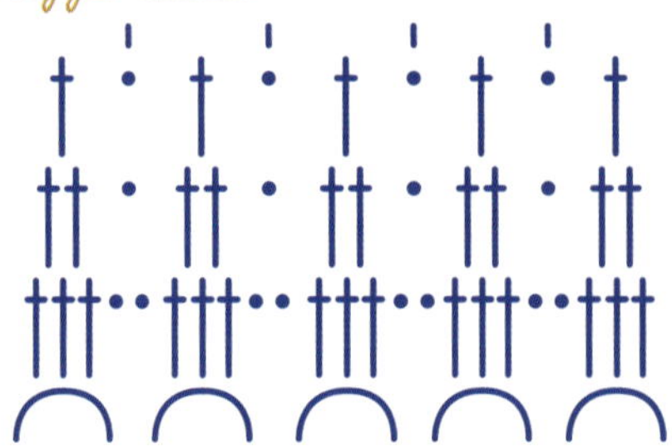

Tropfen oben
3 x
2 x
2 x

Zapfen

Baumschmuck mit Büschelmaschen

Garn Madeira Nora in Lila und Gold

Formen: Kugel, 6 cm, Herz, 6 cm, Medaillon, 7 cm, Glocke, 5,5 cm

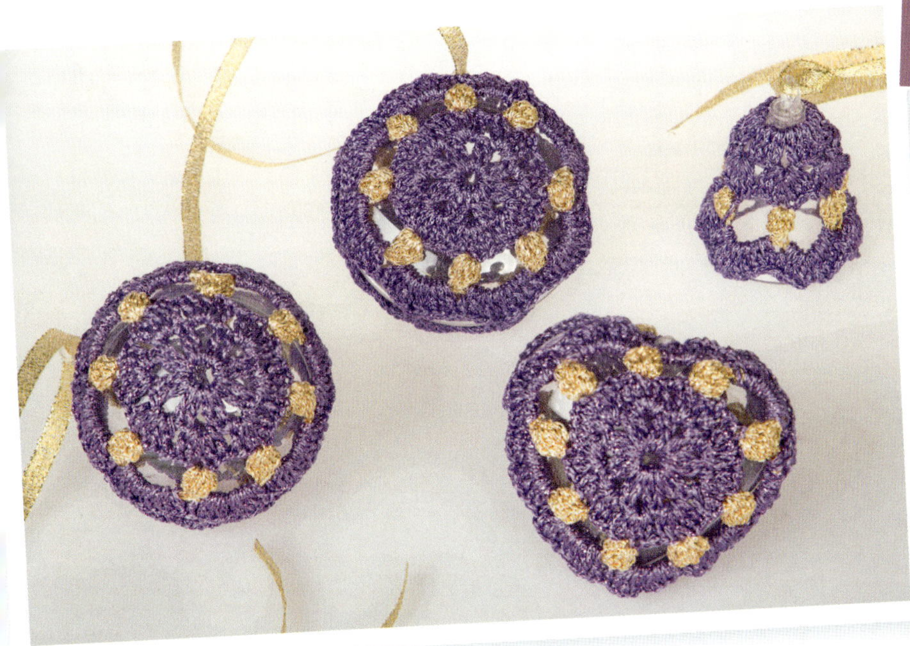

Die Modelle laut Häkelschrift arbeiten.

Für das Herz anstelle der gezeichneten 8 Mustersätze 9 Mustersätze arbeiten

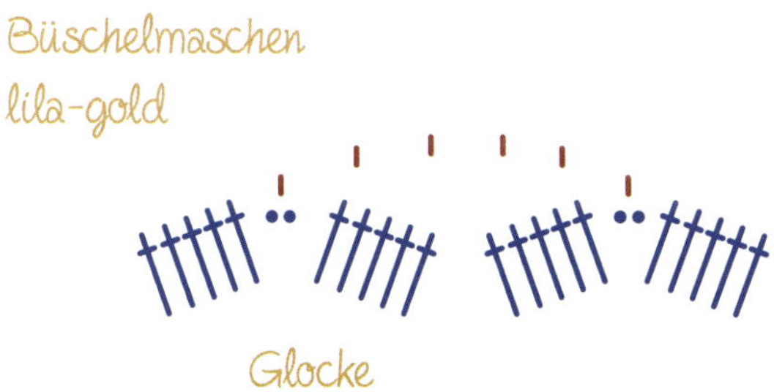

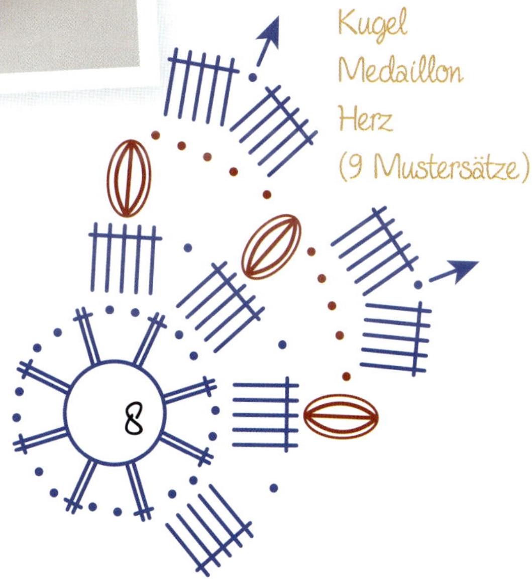

Filet-Deckchen
mit Weihnachtsmotiven

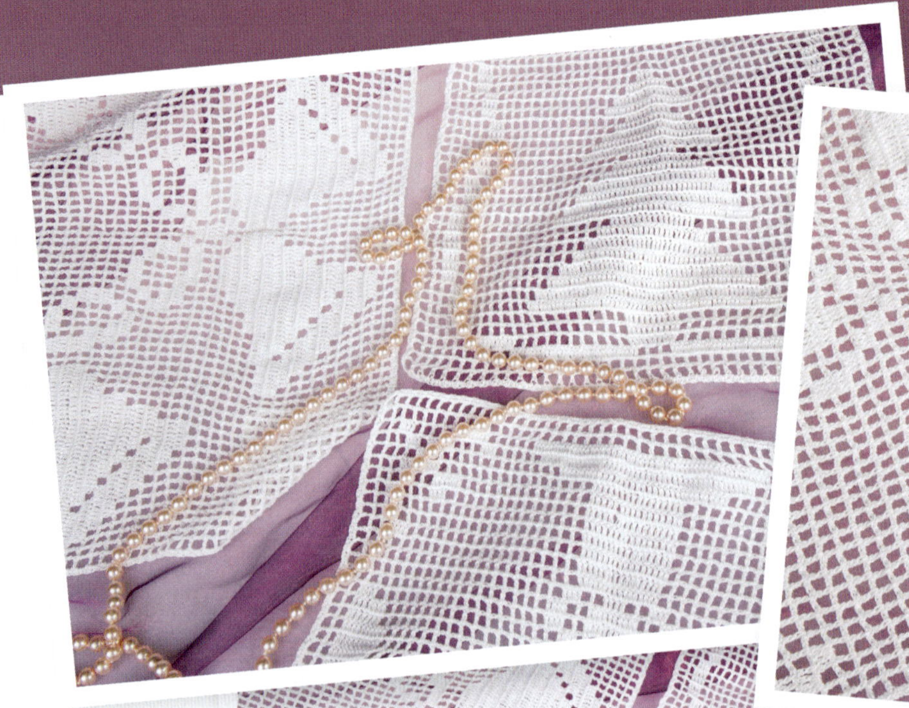

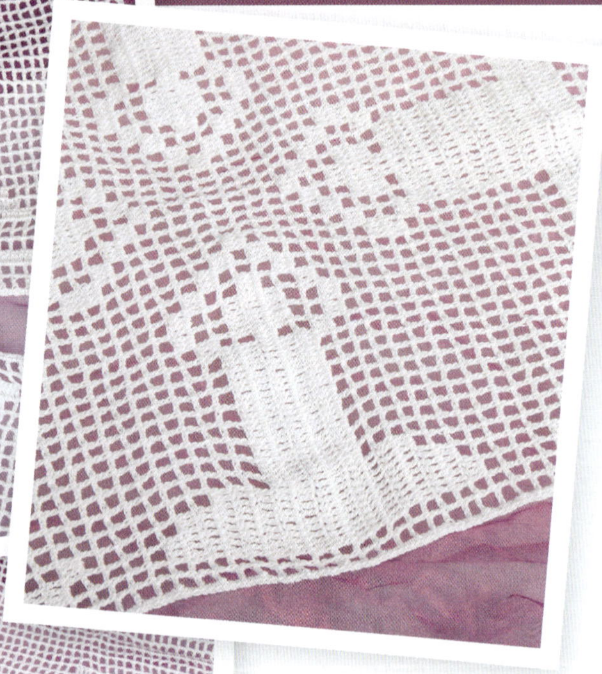

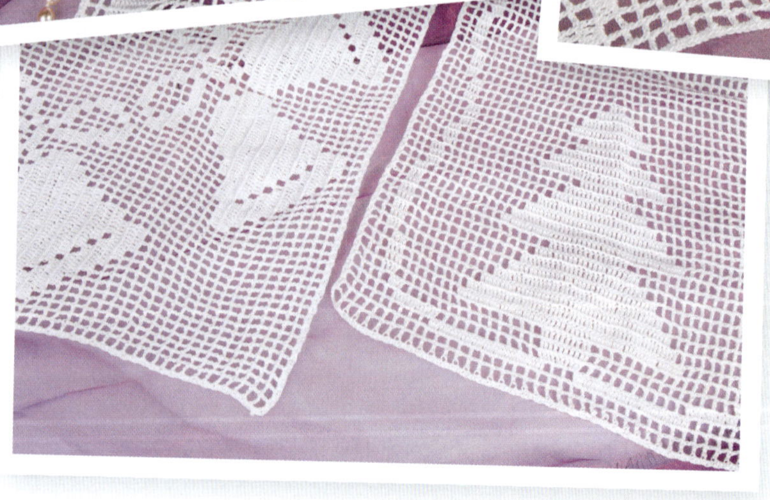

Elisa Baumwollgarn Stärke 10, je 50 g für Kerze und Baum, 100 g für Glocke

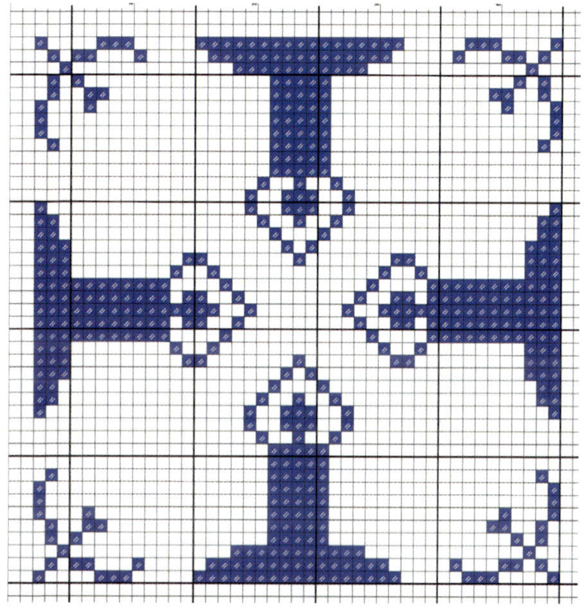

Filetmuster

Pro Kästchen 3 Lm anschlagen, dazu 3 Wlm und 2 Lm für das erste Kästchen. Das erste Stb in die 8. Luftmasche arbeiten.

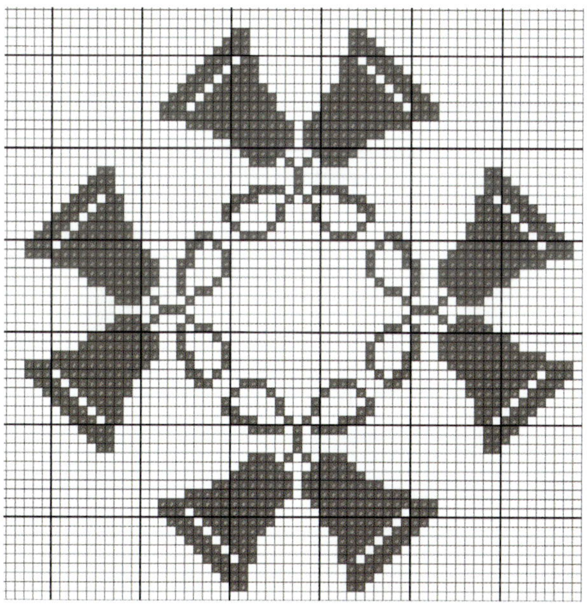

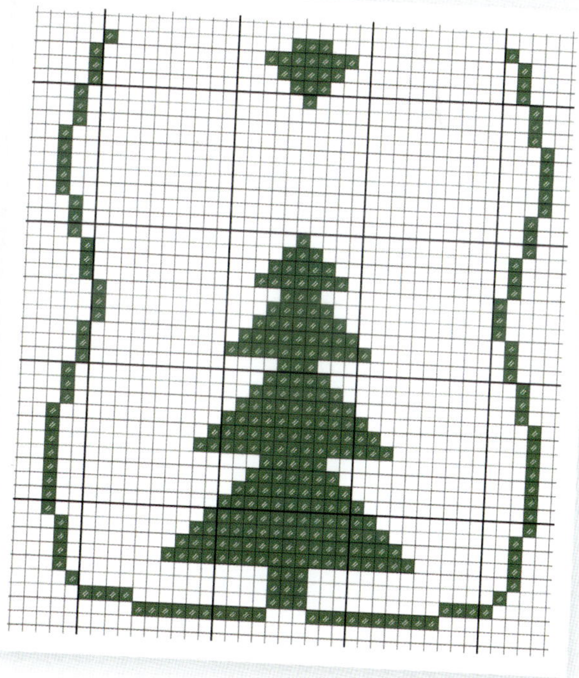

Weißer Baumschmuck

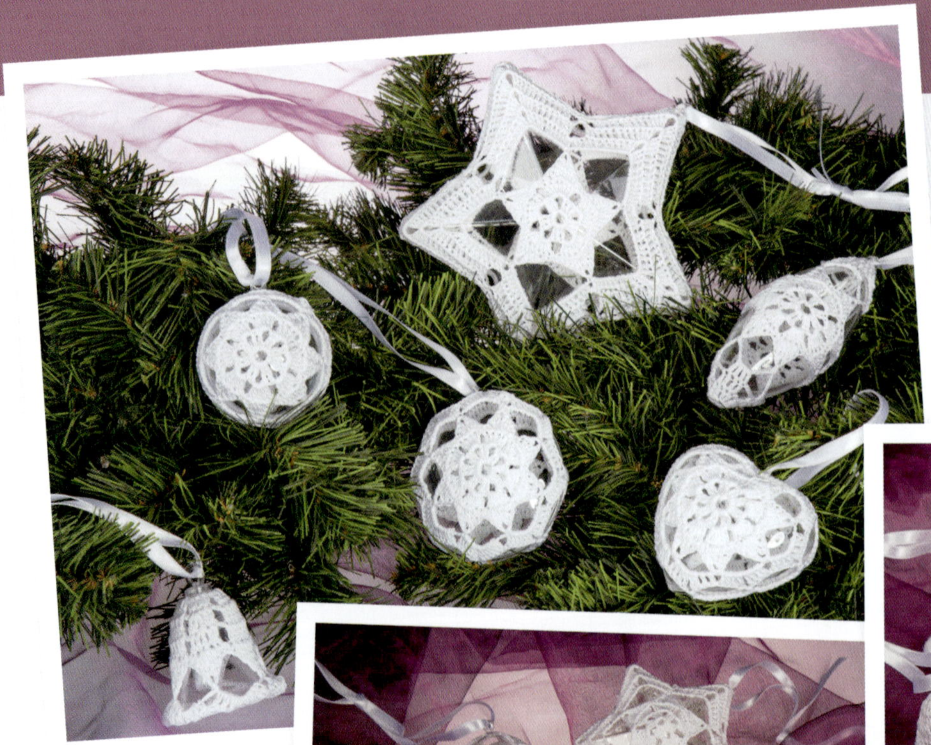

Baumwollgarn, Stärke 10

Grundlage der Arbeit ist die Häkelschrift, diese jeweils an die Form anpassen.

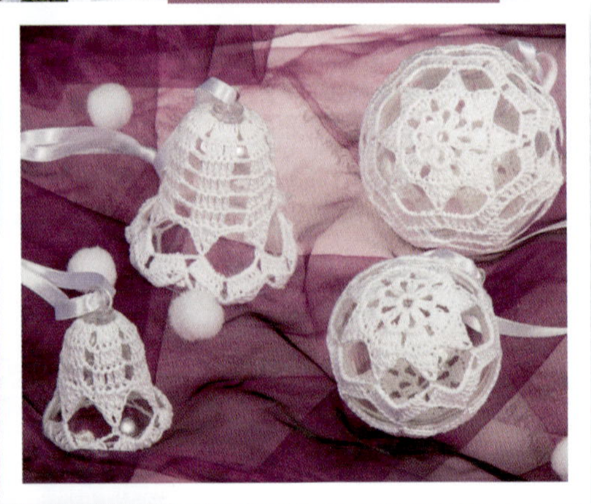

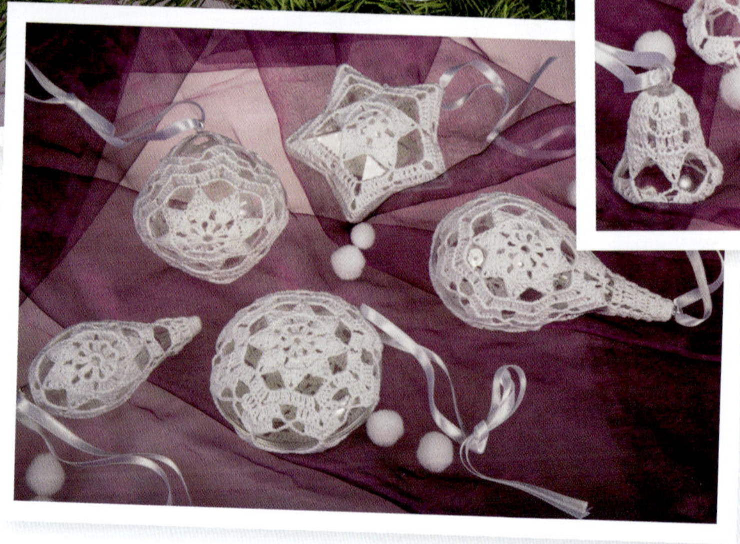

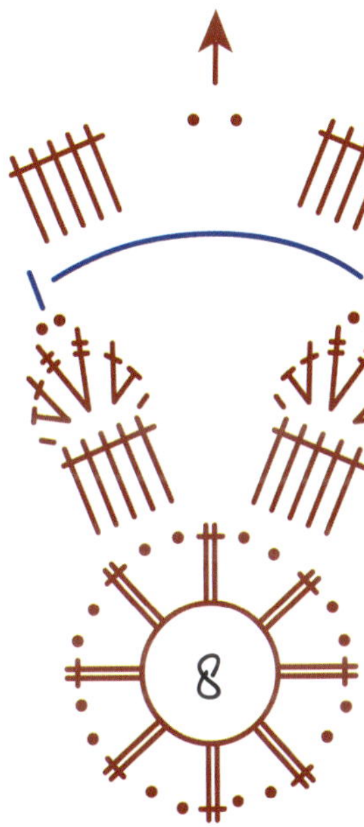

Grundmuster

veränderbar
wie es zur Form passt

Kugel, 4 cm: 7 Lm arbeiten.

Kugel, 5 cm: 7 Lm arbeiten.

Kugel, 6 cm: 11 Lm arbeiten.

Medaillon, 7 cm: 9 Lm arbeiten.

Herz, 6 cm: Zu Beginn 7 Lm anschlagen und 9 Mustersätze arbeiten.

Glocke, 5,5 cm: Laut Häkelschrift arbeiten.

Muster 2

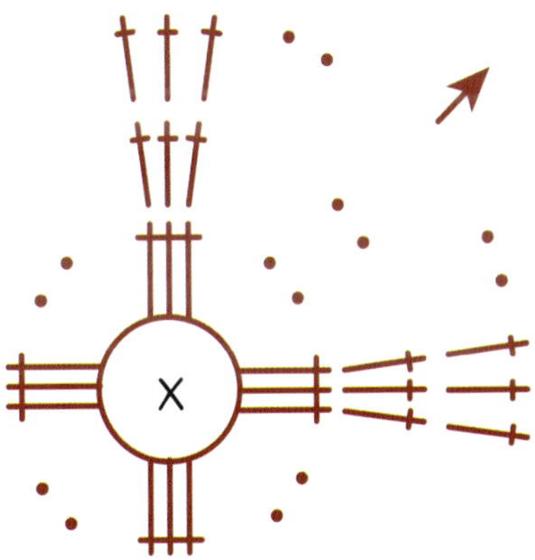

x = wie es zur Aufhängung der Form passt

Grundmuster
2/3 BW weiß

Nur Grün: Grundmuster 2

Grün: Herz, 8 cm,
Kugel, 7 cm

Braun: Zwiebel
Medaillon, 9 cm
Kugel, 8 cm
Tropfen, 14 cm unterer Teil

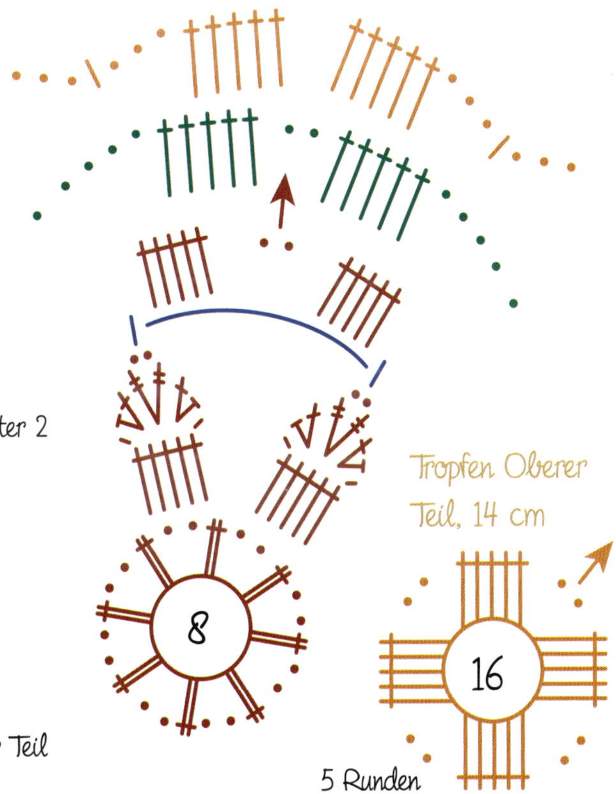

Tropfen Oberer Teil, 14 cm

5 Runden

Tropfen, 11 cm: Das Grundmuster arbeiten, 7 Lm, an 6 Stellen verbinden, an der Spitze Häkelschrift 2 arbeiten.

Spindel, 10 cm: Wie Tropfen, 11 cm.

Spindel, 12 cm: Die Häkelschrift mit 9 Lm arbeiten, an der Spitze Häkelschrift 2 arbeiten, dabei die zweite Runde zweimal arbeiten.

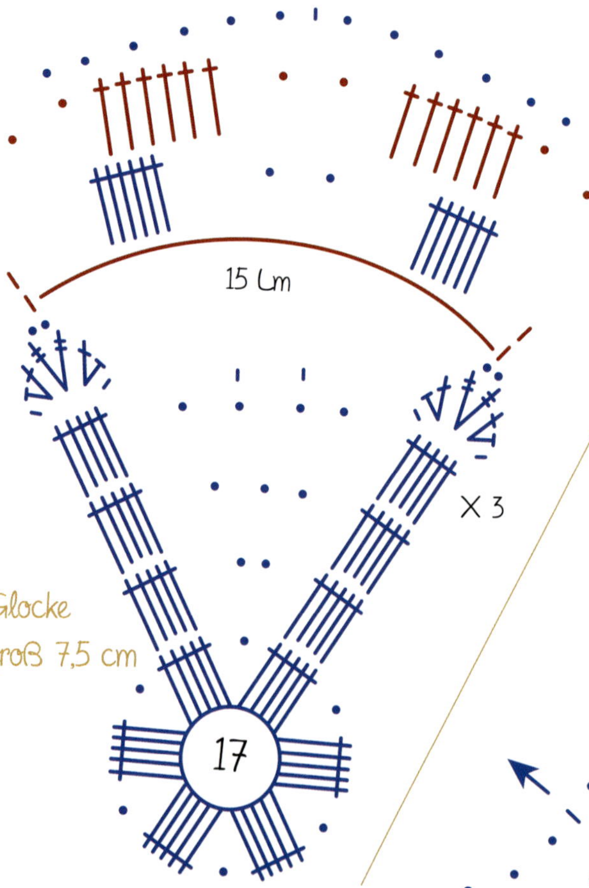

Glocke groß 7,5 cm

Großer Stern

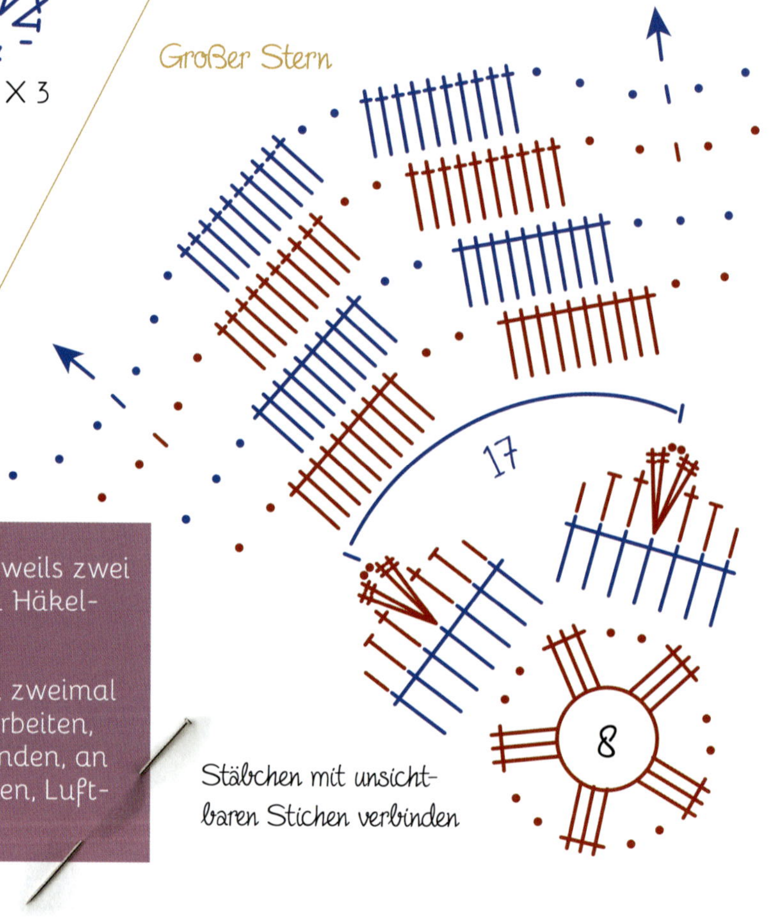

Zapfen, 10 cm: Zwei Blüten an jeweils zwei Stellen verbinden, an den Spitzen Häkelschrift 2 arbeiten.

Zapfen, 12 cm: 11 Lm anschlagen, zweimal die gesamte Grundhäkelschrift arbeiten, beidseitig an je zwei Stellen verbinden, an den Spitzen Häkelschrift 2 arbeiten, Luftmaschen anpassen.

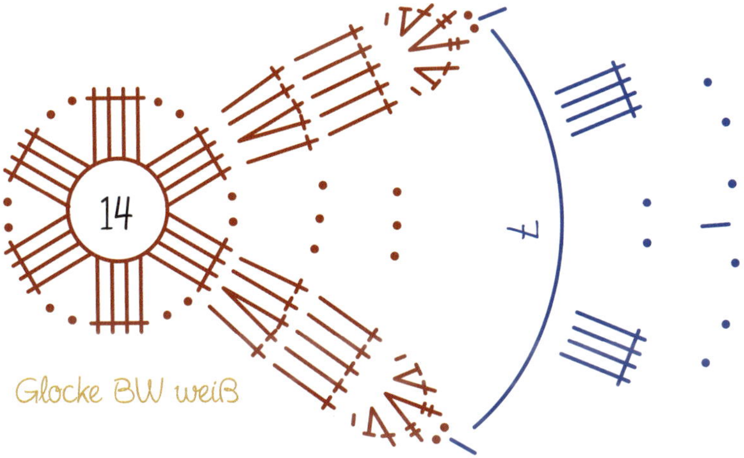

Glocke BW weiß

Kugel, 7 cm: nach Grundmuster 2 arbeiten = eine Runde mehr als Grundmuster 1.

Herz, 8 cm: wie Kugel, 7 cm, jedoch 9 Mustersätze = 1. Runde: 9 x zwei Stb (anstelle der abgebildeten 8 Stb)

Medaillon, 9 cm: Grundmuster 3 = alle abgebildeten Runden (Muster 2/3)

Kugel, 8 cm: siehe Medaillon, 9 cm

Tropfen, 14 cm: für den unteren Teil siehe Medaillon, 9 cm, die Zeichnung gilt für die obere Hälfte – links unten

Glocke, 7,5 cm: siehe Häkelschrift

Stern, 9 cm: siehe Häkelschrift

Stern, 14 cm: siehe Häkelschrift

Kleiner Stern

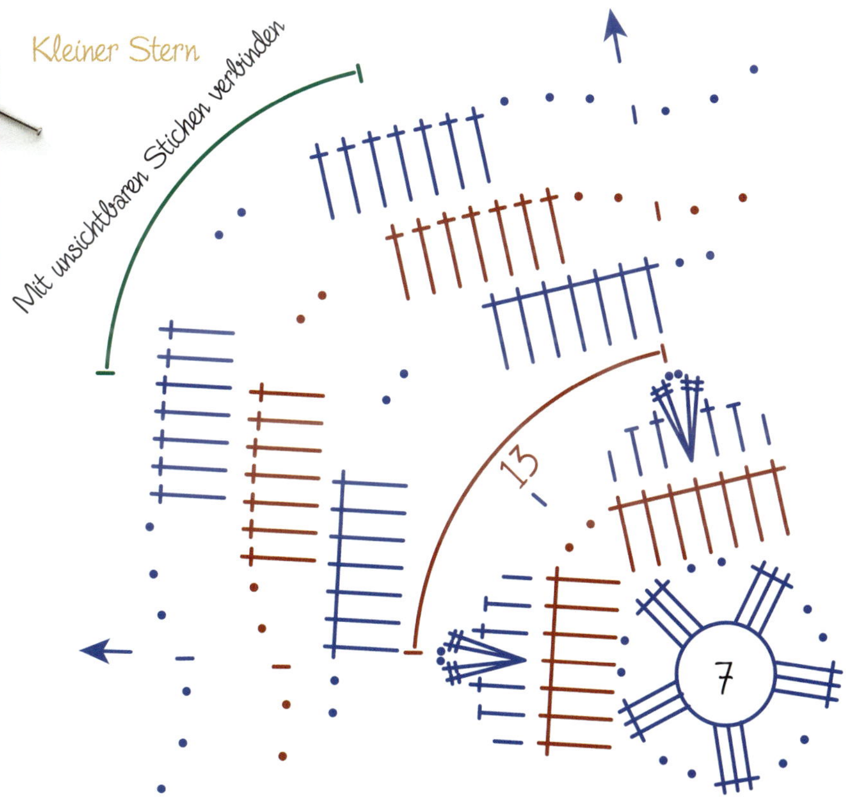

Baumschmuck
mit Gabelhäkelei

50 g Garn Madeira Nora in Gold

75 g Garn Madeira Nora in Weiß

Formen: Kugel, 10 cm, Tropfen, 18 cm, Glocke, 9 cm, Zapfen, 12 cm

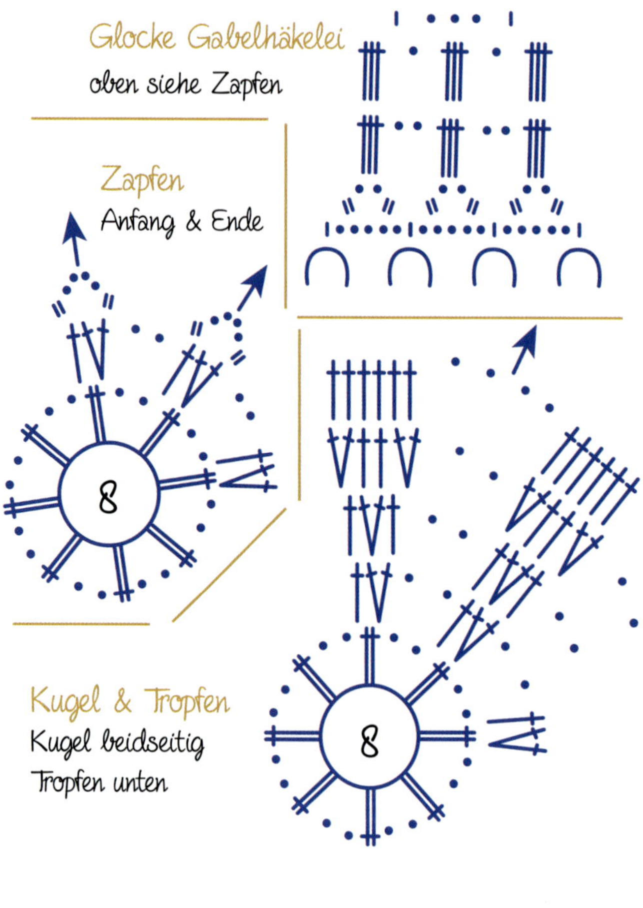

Für die gezeigten Modelle die Gabel auf 4 cm Breite einstellen.

4 Lm und mit einer Km zum Ring schließen. In den Ring 2 fM, 2 Lm, 2 fM häkeln.

Die Häkelarbeit festhalten, den Faden über den linken Gabelarm legen, die Gabel wenden bzw. umdrehen.

Um die Lm-Basis 2 fM, 2 Lm, 2 fM häkeln.

Die Häkelarbeit wieder festhalten, den Faden um den linken Gabelarm legen und die Gabel wenden.

So fortfahren.

Die Häkelarbeit soll in der Mitte der Gabel liegen. Sobald die ersten zwei Reihen fertig sind, geht es besser voran.

Bei Kugel und Tropfen beidseitig 32 Schlingen arbeiten, bei Glocke und Zapfen je 18.

Bei Kugel und Tropfen je 4 Schlingen pro Bogen, beim Zapfen je 2 Schlingen und bei der Glocke oben 2 Schlingen und unten nur 1 Schlinge arbeiten.

Zuletzt die Schlingen von der Gabel schieben, das mittige Häkelteil zur Runde schließen und die Schlingen laut Häkelschrift umhäkeln. Auch hierbei die Runden schließen

Baumschmuck mit Filetstäbchen

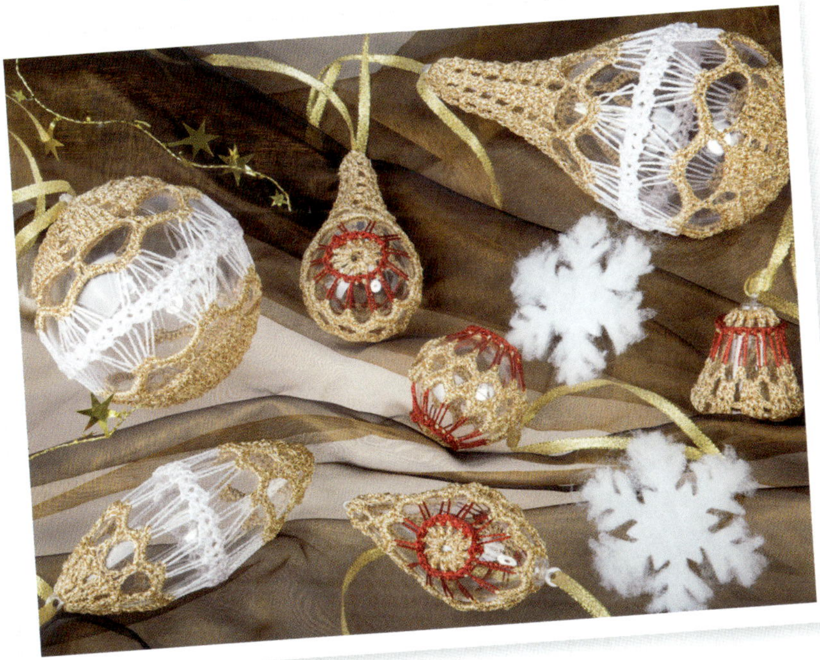

Es wurde ein ca. 1,5 cm breites Plastikstäbchen verwendet.

Grundlage ist ein rundes oder längliches Luftmaschenband, 1 fM, Faden holen für die zweite Masche – diesen Faden jedoch von hinten kommend um das Filetstäbchen führen, die Schlinge durchziehen. Am Ende der Reihe oder Runde immer eine zusätzliche feste Masche arbeiten, die die vorhergehende Masche mit Schlinge fixiert

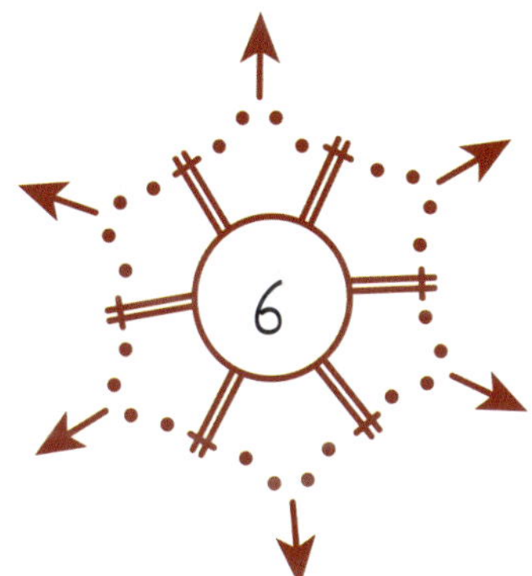

Glocke

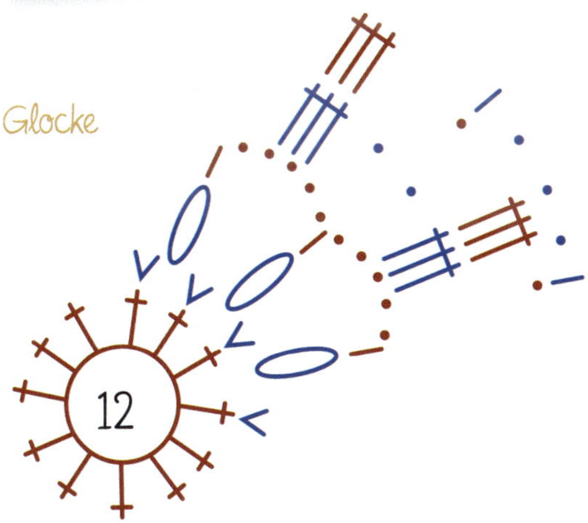

Spindel

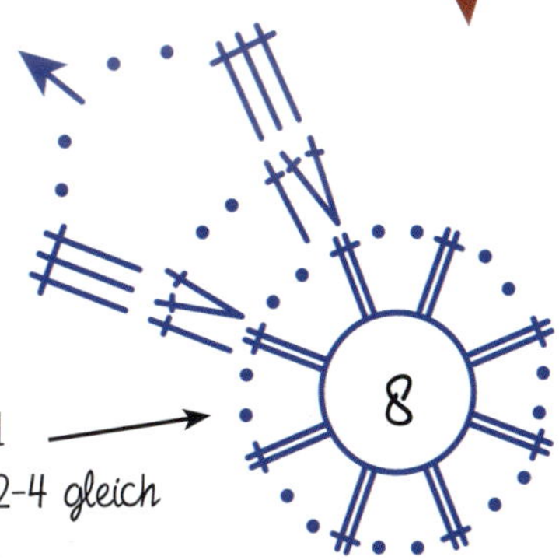

Schnee-männer

Die Schneemänner bestehen aus 2 überzogenen Kugeln oder einer überzogenen Styroporkugel und einem Fertigkopf und tragen am Kopf einen Strohhut, eine Haube (siehe S. 33) oder ein Tuch (laut Häkelschrift rechts).

Gehäkelt werden sie aus dem Garn Nora, Baumwollgarn oder glatter oder flauschiger Wolle. Die Anleitung bezieht sich auf Garn mit einer Lauflänge von 200 Metern/50 Gramm. Wer dickeres Material verwendet, sollte das Werkstück während der Arbeit gelegentlich „anprobieren".

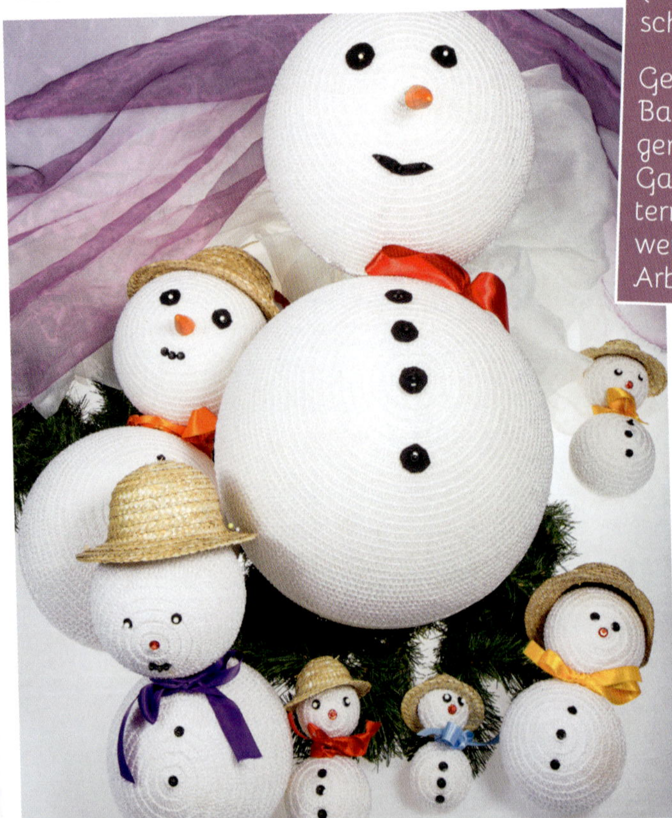

Aufbau der gefertigten Modelle:

Kugel, 2,5 cm + Fertigkopf + Haube
Kugel, 3 cm + Kugel, 4 cm +Hut
Kugel, 4 cm + Kugel, 5 cm + Hut
Kugel, 5 cm + Fertigkopf + Haube oder Tuch
Kugel, 6 cm + Kugel, 8 cm + Hut
Kugel, 7 cm + Fertigkopf + Haube oder Tuch
Kugel, 8 cm + Kugel, 10 cm + Hut
Kugel, 10 cm + Kugel, 12 cm + Hut
Kugel, 12 cm + Kugel, 15 cm + Hut
Kugel, 15 cm + Kugel, 20 cm + Hut
Kugel, 20 cm + Kugel, 25 cm + Hut

Mit Pailletten und Stecknadeln dekorieren. Wer kleinere Kinder hat, näht die Pailletten mit Perlen (damit man ins gleiche Loch zurückstechen kann) an, damit sie nicht verschluckt werden können.

Als Aufstellhilfe empfehlen sich Holzringe oder auch die durchsichtigen Aufsteller aus dem Bastelfachhandel.

Alle Kugeln werden in zwei Teilen gehäkelt und die Teile zusammengenäht. Außer der ganz kleinen Kugel sind es immer zwei gleich große Hälften. Jede Halbkugel beginnt mit einem Ring aus 8 Lm, der mit 1 Km geschlossen wird.

Kugel, 2,5 cm

1. Runde: 12 Stb

2. Runde: Jede 2. M verdoppeln =18 Stb

3. Runde: 18 Stb, bei der zweiten Hälfte die dritte Runde weglassen

Kugel, 3 cm

1. Runde: 15 Stb

2. Runde: Jede M verdoppeln = 30 Stb

3. Runde: 30 Stb

Kugel, 4 cm

1. Runde: 15 Stb

2. Runde: Jede M verdoppeln = 30 Stb

3. Runde: Jede 3. M verdoppeln = 40 Stb

4. Runde: 40 Stb

Kugel, 5 cm

1. Runde: 15 Stb

2. Runde: Jede M verdoppeln = 30 Stb

3. Runde: Jede 2. M verdoppeln = 45 Stb

4. und 5. Runde: 45 Stb

Kugel, 6 cm

1. Runde: 15 Stb

2. Runde: Jede M verdoppeln = 30 Stb

3. Runde: Jede 2. M verdoppeln = 45 Stb

4. Runde: Jede 9. M verdoppeln = 50 Stb

5. und 6. Runde: 50 Stb

Kugel, 7 cm

1. Runde: 15 Stb

2. Runde: Jede M verdoppeln = 30 Stb

3. Runde: Jede 2. M verdoppeln = 45 Stb

4. Runde: Jede 3. M verdoppeln = 60 Stb

5. und 6. Runde: 60 Stb

Kugel, 8 cm

1. Runde: 18 Stb

3. Runde: Jede 2. M verdoppeln = 36 Stb

4. Runde: Jede 3. M verdoppeln = 54 Stb

5. Runde: Jede 4. M verdoppeln = 72 Stb

6.–9. Runde: 72 Stb

Kugel, 10 cm

1. Runde: 20 Stb

2. Runde: Jede M verdoppeln = 40 Stb

3. Runde: Jede 4. M verdoppeln = 50 Stb

4. Runde: Jede 5. M verdoppeln = 60 Stb

5. Runde: Jede 4. M verdoppeln = 75 Stb

6.–10. Runde: 90 Stb

Tuch

Muster bis Wunschgröße fortsetzen

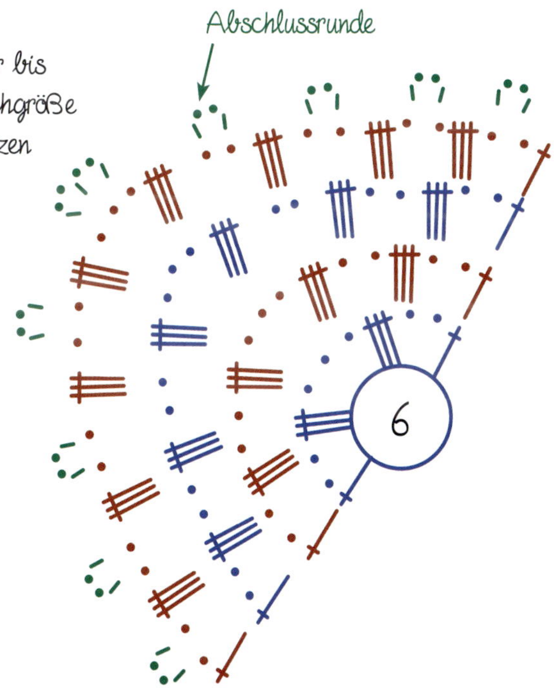

Kugel, 15 cm

1. Runde: 20 Stb
2. Runde: Jede M verdopppeln = 40 Stb
3. Runde: Jede 4. M verdoppeln = 50 Stb
4. Runde: Jede 5. M verdoppeln = 60 Stb
5. Runde: Jede 6. M verdoppeln = 70 Stb
6. Runde: Jede 7. M verdoppeln = 80 Stb
7. Runde: Jede 8. M verdoppeln = 90 Stb
8. Runde: Jede 9. M verdoppeln = 100 Stb
9. Runde: Jede 10. M verdoppeln = 110 Stb
10. Runde: Jede 10. M verdoppeln (bis auf die letzten 10 M) = 120 Stb
11.–15. Runde: 120 Stb

Kugel, 20 cm

Mit Garn Madeira Nora gehäkelt.
1. Runde: 20 Stb
2. Runde: Jede M verdoppeln = 40 Stb
3. Runde: Jede 2. M verdoppeln = 60 Stb
4. Runde: Jede 3. M verdoppeln = 80 Stb
5. Runde: 80 Stb
6. Runde: Jede 8. M verdoppeln = 90 Stb
7. Runde: Jede 9. M verdoppeln = 100 Stb
8.–9. Runde: 100 Stb
10. Runde: Jede 10. M verdoppeln = 110 Stb
11. Runde: 110 Stb
12. Runde: Jede 10. M verdoppeln (bis auf die letzten 10 M) = 120 Stb
13. Runde: 120 Stb
14. Runde: Jede 5. M verdoppeln (bis auf die letzten 2 M) = 140 Stb
15.–25. Runde: 140 Stb

Kugel, 12 cm

1. Runde: 20 Stb
2. Runde: Jede M verdopppeln = 40 Stb
3. Runde: Jede 4. M verdoppeln = 50 Stb
4. Runde: Jede 5. M. verdoppeln = 60 Stb
5. Runde: Jede 6. M verdoppeln = 70 Stb
6. Runde: Jede 7. M verdoppeln = 80 Stb
7. Runde: Jede 8. M verdoppeln = 90 Stb
8. Runde: Jede 9. M verdoppeln = 100 Stb
9. Runde: Jede 20. M verdoppeln = 105 Stb
10.–12. Runde: 105 Stb.

Kugel, 25 cm

Mit Garn Madeira Nora gehäkelt.
1. Runde: 20 Stb
2. Runde: Jede M verdoppeln = 40 Stb
3. Runde: Jede 2. M verdoppeln = 60 Stb
4. Runde: Jede 3. M verdoppeln = 80 Stb
5. Runde: 80 Stb
6. Runde: Jede 8. M verdoppeln = 90 Stb
7. Runde: Jede 9. M verdoppeln = 100 Stb
8.–9. Runde: 100 Stb
10. Runde: Jede 10. M verdoppeln = 110 Stb
11. Runde: 110 Stb
12. Runde: Jede 10. M verdoppeln (bis auf die letzten 10 M) = 120 Stb
13. Runde: 120 Stb
14. Runde: Jede 5. M verdoppeln (bis auf die letzten 2 M) = 140 Stb
15.–16. Runde: 140 Stb
17. Runde: Jede 4. M verdoppeln = 180 Stb
18.–31. Runde: 180 Stb

Schneewittchen und die sieben Schneemänner

Kugel, 4 cm

Kegel, 12 cm, davon die oberen 2 cm abschneiden

Garn in Weiß, Rosa, Blau, Gold oder beliebig

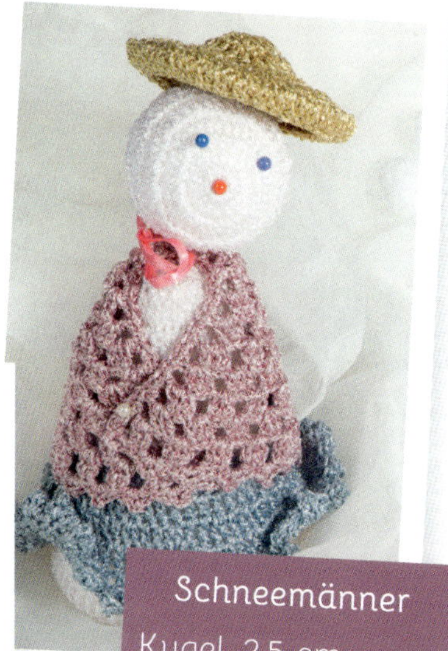

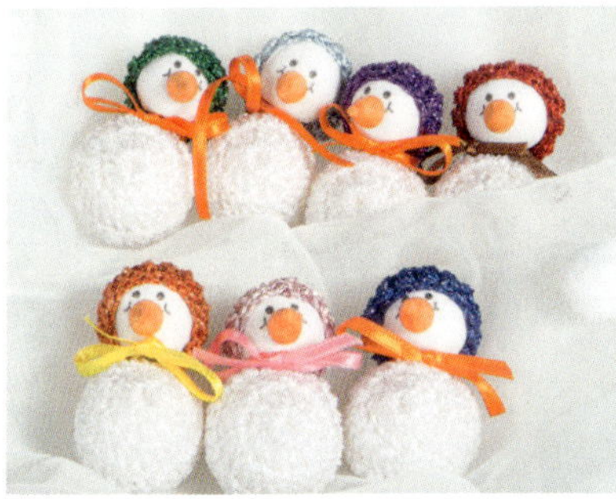

Die Kugel wie in der Anleitung auf S. 31 arbeiten.

Tuch, siehe S. 31.

Schneemänner

Kugel, 2,5 cm
Kugel, 3 cm
Fertigkopf

Siehe Anleitung für Halbkugeln, S. 45.

Für den Kegel

7 Lm, mit 1 Km zu einem Ring schließen. In den Ring 18 Stb arbeiten.

2. Runde: jede M verdoppeln = 36 Stb

3 Runden ohne Zunahmen

6. Runde: jede 3. Masche verdoppeln = 48 Stb

Weitere 7 Runden arbeiten. Dann mit jeweils 3 zusammen abgemaschten fM abschließen

Für den Rock

Etwa 60 Lm anschlagen (Rock soll ca 2 cm weiter sein als der Kegel), mit 1 Km die Luftmaschenkette zur Runde schließen.

4 Runden Stb.

5. Runde: jedes zweite Stb verdoppeln.

Abschlussrunde (Muster über zwei Stb): 1 fM auf das darunterliegende Stb, ein hStb, 3 Stb, ein hStb, in das zweite Stb.

Stohhut mit Gold umhäkeln

5 Lm, mit 1 Km zur Runde schließen, in jede M 3 Stb = 15 Stb,

2. Runde: jede M verdoppeln = 30 Stb

3. Runde: jedes zweite Stb verdoppeln = 45 Stb

4. Runde: jedes Stb verdoppeln = 90 Stb

5. Runde: 1 fM auf das Stb, 1 M überspringen

Haube

4 Lm, mit 1 Km zur Runde schließen.

1. Runde: in jede M 3 Stb = 12 Stb

2. Runde: ohne Zunahme = 12 Stb

3. Runde: 12 fM

Geschenksackerl und Körbchen

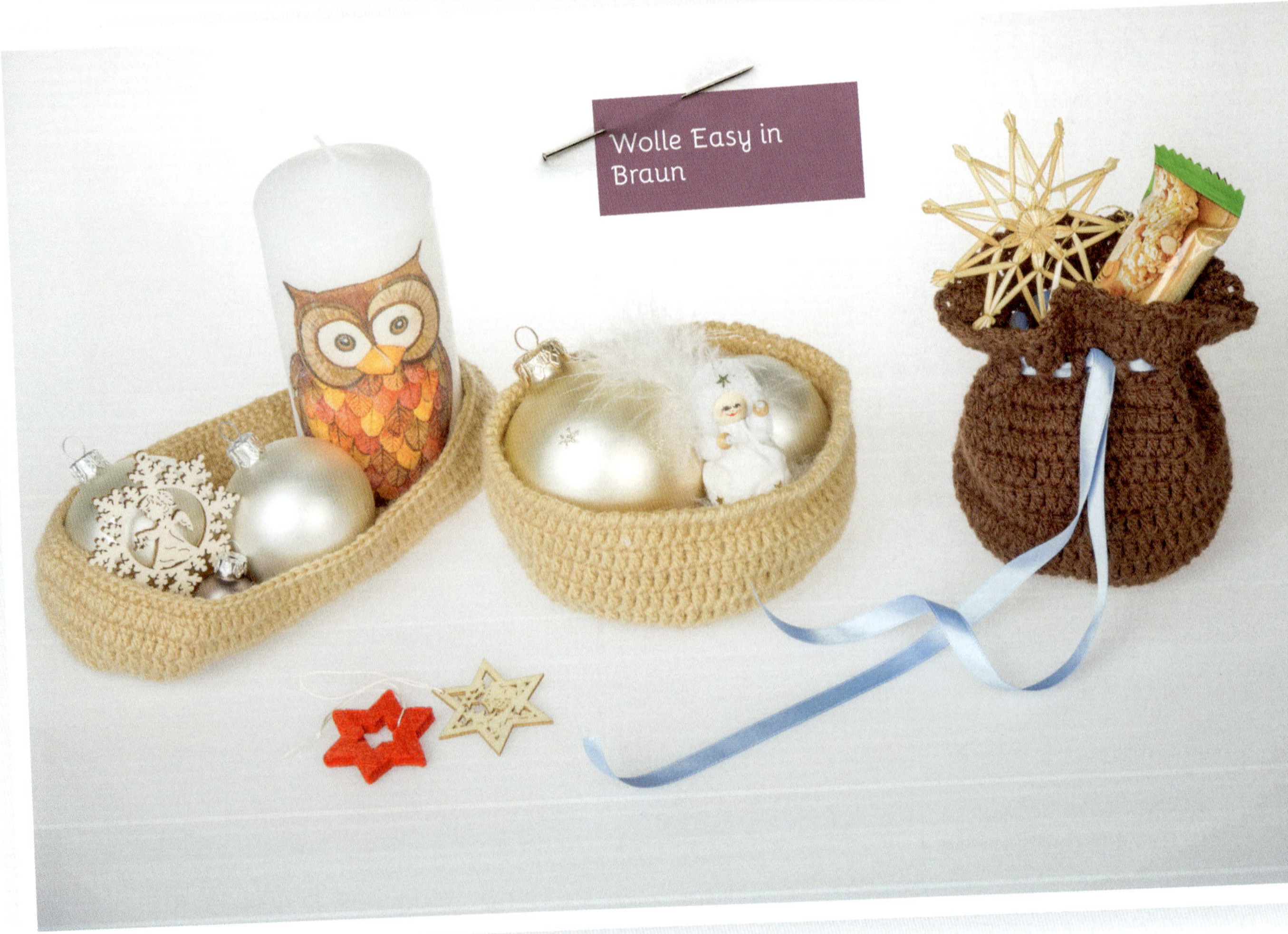

Großes Sackerl

Eine Luftmaschenkette mit 8 Lm häkeln, mit 1 Km zu einem Ring schließen.

1. Runde: 18 Stb in den Ring häkeln.

2. Runde: Alle M verdoppeln = 36 Stb

3. Runde: Jede 2. M verdoppeln = 54 Stb

4. Runde: Jede 3. M verdoppeln = 72 Stb

5. Runde: Jede 4. M verdoppeln = 90 Stb

6. Runde : Jede 5. M verdoppeln = 108 Stb

18 Runden ohne Zu- oder Abnahmen weiterhäkeln.

Lochreihe: Abwechselnd 1 Stb, 1 Lm, dabei 1 Stb überspringen.

4 Runden Stb häkeln.

Abschluss: Auf jedes Stb eine feste Masche häkeln, nach je 2 fM 3 Lm häkeln.

Mittleres Sackerl

Bereits nach der Runde mit den 72 Stb gerade weiterarbeiten, nach 14 Runden die Lochreihe machen und noch 3 Runden Stb anfügen, den Abschluss wie oben arbeiten.

Kleines Sackerl

Nach der dritten Runde bereits gerade weiterarbeiten, nach 9 Runden die Lochreihe einfügen, anschließend noch zwei Runden Stb und den Abschluss arbeiten.

Ovales Körbchen

32 Lm anschlagen, 30 Stb häkeln. Um die Luftmaschenkette herumhäkeln und jeweils in das erste Stb je 7 Stb arbeiten. An der zweiten Seite der Luftmaschenkette nochmals 30 Stb arbeiten. Gerade in Runden weiterarbeiten, nur die 7 Stb noch zwei Mal verdoppeln = 30 + 14 + 30 + 14 Stb = 88 Stb

3. Runde: 30 + 28 + 30 + 28 Stb = 116 Stb

Weitere 4 Runden ohne Zunahmen arbeiten und evtl. mit 1 Runde fM abschließen.

Rechteckiges Körbchen

60 Lm anschlagen. 10 Reihen Stb für den Boden arbeiten, dann in Runden weiterhäkeln. An den beiden kurzen Seiten verteilt 25 Stb arbeiten = 60 + 25 + 60 + 25 = 170 Stb

7 Runden gerade hochhäkeln und mit 1 Runde fM abschließen.

Quadratisches Körbchen

Wir das rechteckige Körbchen arbeiten, jedoch nur 22 Lm fürs kleine und 30 Lm fürs große Körbchen anschlagen.

Rundes Körbchen

Wie das Geschenksackerl arbeiten, jedoch bereits nach 5, 6 oder 8 Runden beenden, evtl. mit einer Runde Krebsmaschen abschließen.

Taschen
Groß bis Klein

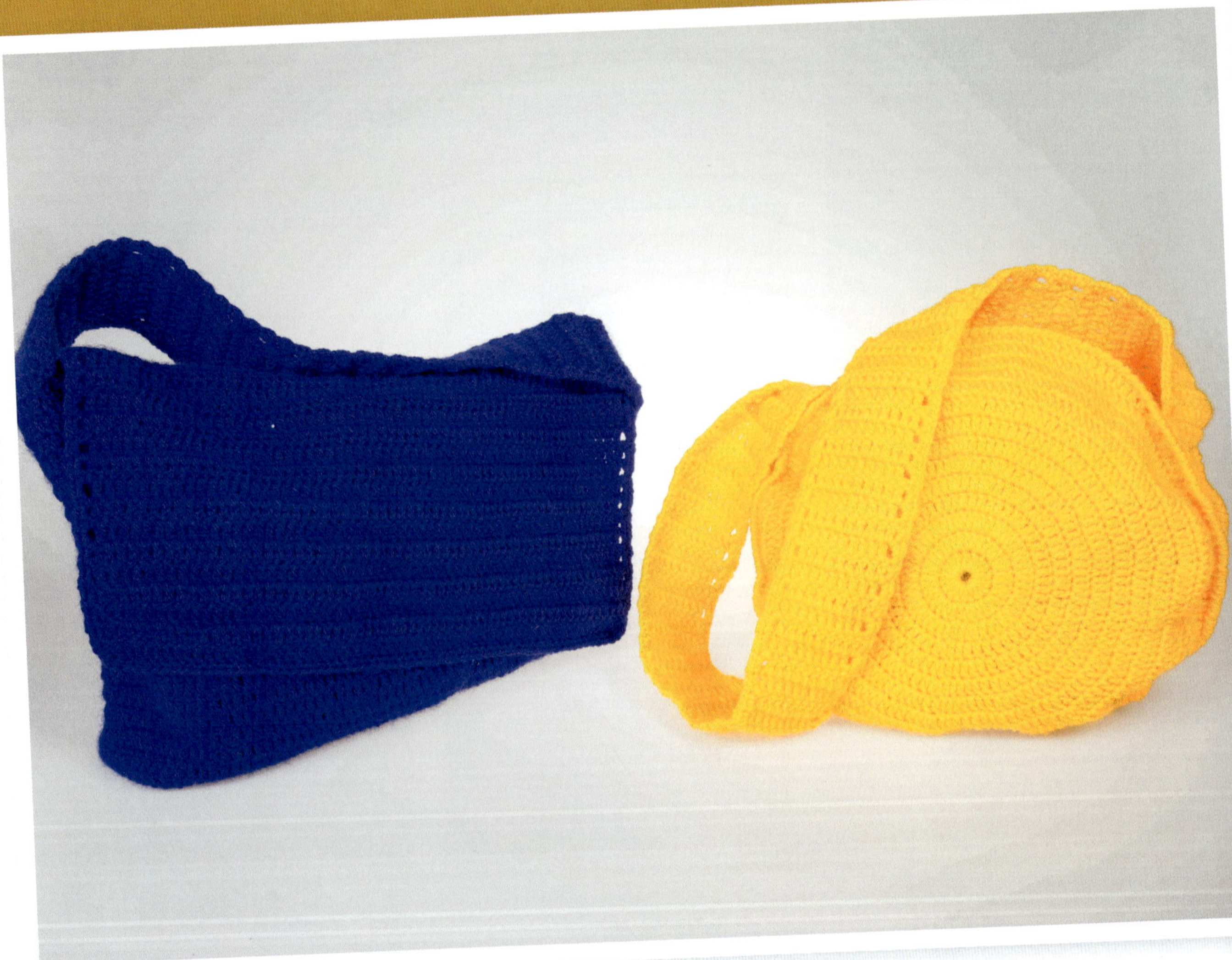

Gelbe Taschen

150 g/100 g Easy in Gelb

Große Tasche

7 Lm, auf beiden Seiten der Lm-Kette häkeln = 18 Stb

2. Runde: jedes 2. Stb verdoppeln = 36 Stbw

3. Runde: Keine Zunahme = 36 Stb

4. Runde: jedes 3. Stb verdoppeln = 48 Stb

5. Runde: jedes 4. Stb verdoppeln = 60 Stb

6. Runde: Keine Zunahme = 60 Stb

7. Runde: jedes 5. Stb verdoppeln = 72 Stb

8. Runde: Jedes 6. Stb verdoppeln = 84 Stb

9. Runde: jedes 7. Stb verdoppeln = 96 Stb

10.–12. Runde: Keine Zunahme = 96 Stb

Für den Henkel, der auch der Taschenboden ist, 11 Stb über 118 Reihen arb und im Anschluss mit fM umhäkeln.

Entweder die Teile beim Umhäkeln mittels fM in die Randmaschen der Taschenplatte miteinander verbinden oder zusammennähen.

Kleine Tasche

Gleich häkeln bis einschließlich der 8. Runde, dann zwei Runden ohne Zunahmen häkeln.

Den Henkel aus 9 Stb über 90 Reihen arbeiten.

Blaue Taschen

150 g/300 g Easy in Blau

Kleine Tasche

50 Lm, 4 Reihen Stb

Dann in Runden weiterhäkeln. Insgesamt 23 Runden: 1. lange Seite 50 Stb + 1. kurze Seite 10 Stb + 2. lange Seite 50 Stb + 2. kurze Seite 10 Stb = 120 Stb

Den Überschlag über die mittigen 50 Stb häkeln: ca. 17 Reihen in Stb

Einen Henkel aus 12 Stb in Wunschlänge häkeln.

Zuletzt die ganze Arbeit mit fM umhäkeln.

Große Tasche

80 Lm, 6 Reihen Stb

Dann in Runden weiterhäkeln. Insgesamt 36 Runden: 1. lange Seite 80 Stb + 1. kurze Seite 15 Stb + 2. lange Seite 80 Stb + 2. kurze Seite 15 Stb = 190 Stb

Den Überschlag über die mittigen 80 Stb häkeln: ca 20 Reihen in Stb

Einen Henkel aus 16 Stb in Wunschlänge häkeln.

Zuletzt die ganze Arbeit mit festen Maschen umhäkeln.

Grüne Taschen

100 g/200 g Easy

Kleine Tasche

40 Lm, 4 Reihen Stb

Dann in Runden weiterarbeiten: 20 Runden: 1. lange Seite 40 Stb + 1. kurze Seite 10 Stb + 2. lange Seite 40 Stb + 2. kurze Seite 10 Stb = 100 Stb

Einen Henkel aus 11 Stb in der Wunschlänge arbeiten.

Zuletzt die Arbeit mit fM umhäkeln.

Große Tasche

60 Lm, 6 Reihen Stb

Dann in Runden weiterarbeiten: 32 Runden: 1. lange Seite 60 Stb + 1. kurze Seite 15 Stb + 2. lange Seite 60 Stb + 2. kurze Seite 15 Stb = 150 Stb

Einen Henkel aus 14 Stb in der Wunschlänge arbeiten.

Zuletzt die Arbeit mit festen Maschen umhäkeln.

Geschenktaschen

Wolle Easy in Lila

Kleine Tasche

30 Lm anschlagen, für den Taschenboden 2 Reihen Stb arbeiten, dann in Runden weiter arbeiten = 30 + 6 + 30 + 6 Stb = 72 Stb.

10 Runden gerade weiterarbeiten, dann die Arbeit teilen und für die Griffe 11 Stb, 20 Lm, dabei 12 M überspringen, 11 Stb arbeiten. Die Arbeit wenden, die beiden ersten und beiden letzten Stb zusammen abmaschen. Dann um die Luftmaschenkette 18 Stb arbeiten und zuletzt eine weitere Reihe Stb häkeln. Die zweite Seite gleich arbeiten und als Abschluss die Kante mit einer Runde feste Maschen einfassen.

Mittlere Tasche

40 Lm anschlagen, 4 Reihen Stb für den Taschenboden arbeiten, ab jetzt in Runden arbeiten = 40 + 10 + 40 + 10 Stb = 100 Stb

18 Runden gerade hochhäkeln, für die Taschengriffe die Arbeit teilen und 14 Stb, 24 Lm, 20 Stb überspringen, 14 Stb. Die Arbeit wenden, die beiden ersten und beiden letzten Stb jeder Reihe zusammen abmaschen. Die zweite Seite genauso arbeiten und als Abschluss die Kante mit einer Runde feste Maschen abschließen.

Große Tasche

60 Lm anschlagen, 6 Reihen Stb für den Taschenboden arbeiten, dann in Runden weiterarbeiten = 60 + 15 + 60 + 15 = 150 Stb

28 Runden gerade hocharbeiten, dann die Arbeit teilen und die Taschengriffe getrennt arbeiten. Dafür 24 Stb, 30 Luftm, 20 Stb überspringen, 24 Stb arbeiten. Am Anfang und Ende jeder Reihe zwei Maschen zusammen abmaschen und die Arbeit wenden. Nächste Reihe 23 Stb, 30 Stb, 23 Stb arbeiten. Noch 3 Reihen so weiter häkeln. Die zweite Seite gleich arbeiten und zuletzt die obere Kante mit festen Maschen einfassen.

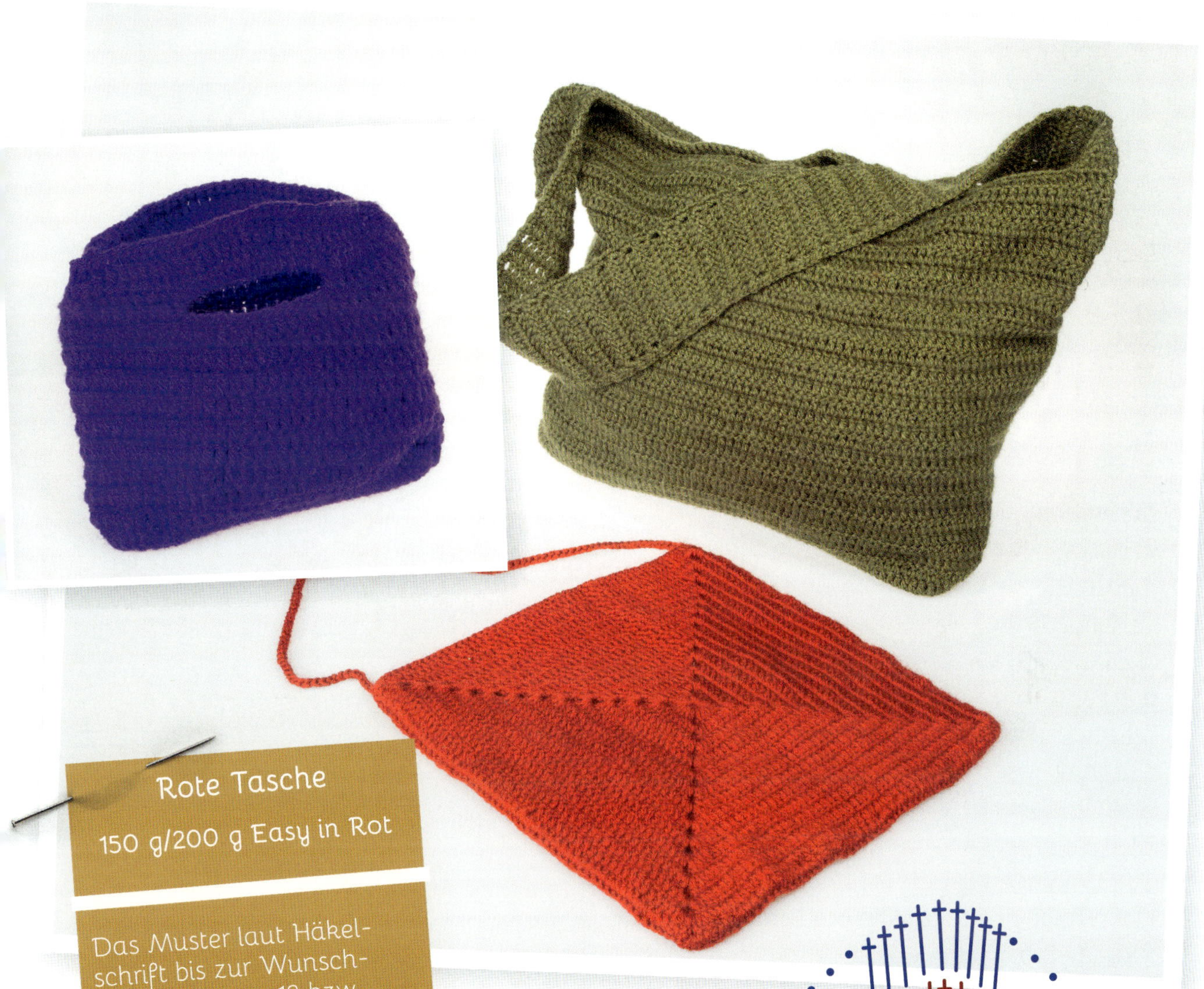

Rote Tasche

150 g/200 g Easy in Rot

Das Muster laut Häkelschrift bis zur Wunschgröße arbeiten: 12 bzw. 15 Runden

Die Teile mit festen Maschen zusammenhäkeln und für den Henkel eine doppelfädige Luftmaschenkette arbeiten.

Rote Tasche

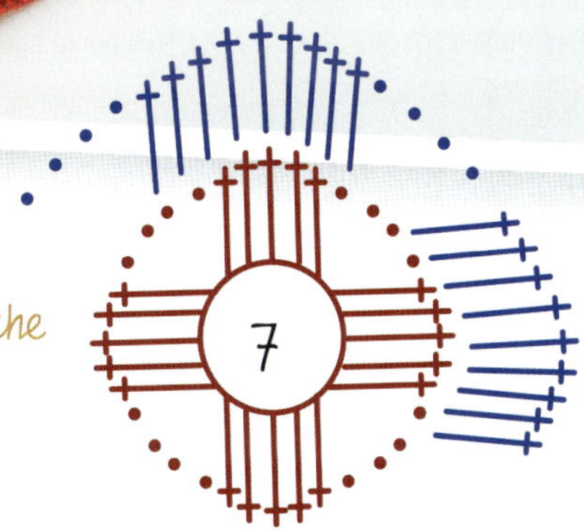

Sport-beutel

300 g Easy in Neongrün

Häkelnadel 3,5

3 m Satinband, 1,5 cm breit, in Weiß

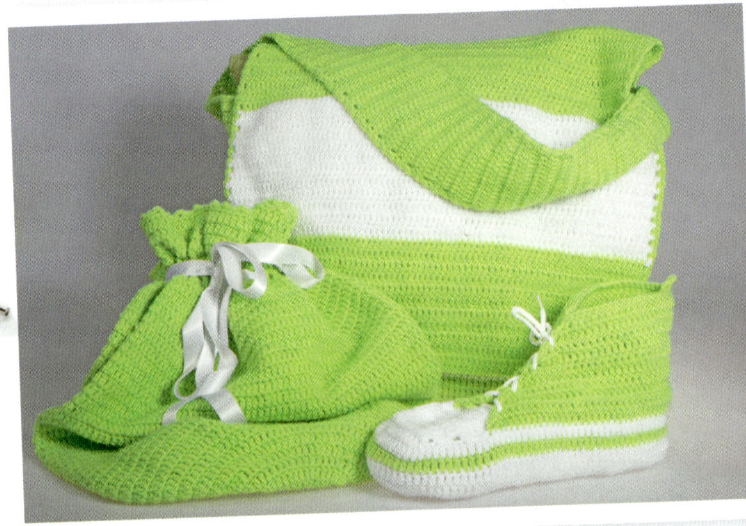

7 Lm, mit 1 Km zur Runde schließen.

1. Runde: 18 Stb
2. Runde: jede M verdoppeln = 36 Stb
3. Runde: jede 2. M verdoppeln = 54 Stb
4. Runde: jede 3. M verdoppeln = 72 Stb
5. Runde: jede 4. M vedoppeln = 90 Stb
6. Runde: jede 5. M verdoppeln = 108 Stb
7. Runde: jede 6. M verdoppeln = 126 Stb
8. Runde: jede 7. M verdoppeln = 144 Stb
9. Runde: jede 8. M verdoppeln = 162 Stb
10. Runde: jede 9. M verdoppeln = 180 Stb

Ca. 35 Runden gerade weiterarbeiten.
Dann folgt eine Lochreihe = 1 DStb, 1 Lm,
1 Runde Stb in jede Masche = 180 Stb
2. Lochreihe = 1 DStb, 1 Lm.
4 Runden Stb = 180 Stb
Zum Abschluss 2 fM auf das Stb der Vorrunde, 3 Lm.

Tasche in Weiß-Grün

300 g Easy in Grün

150 g Easy in Weiß

Häkelnadel 3,5

75 Lm

6 Reihen Stb als Taschenboden.

In Runden weiterarbeiten: 1. lange Seite 75 Stb + 1. kurze Seite 15 Stb + 2. lange Seite 75 Stb + 2. kurze Seite 15 Stb = 180 Stb

12 Runden in Grün, 12 Runden Weiß, 12 Runden in Grün.

Über die seitlichen 19 Maschen einen Henkel aus Stb in der Wunschlänge arbeiten.

Für den Überschlag: über die mittleren 71 Stb 18 Reihen in Grün, 12 Reihen in Weiß, 12 Reihen in Grün arbeiten

Die Kanten mit festen Maschen umhäkeln.

Sport-schuh

Siehe Körbchen oval, S. 35.

32 Lm

3 Runden mit Zunahmen arbeiten, 3 Runden in Weiß gerade häkeln, 1 Runde in Grün, 1 Runde in Weiß.

Für die Zunge über die mittleren 12 Stb arbeiten, die Arbeit dabei links und rechts mit Kettmaschen verbinden oder nach Fertigstellung zusammennähen.

1. Reihe: 12 Stb

2. Reihe: an den Rändern je 1 Stb verdoppeln = 14 Stb

3. Reihe: 14 Stb

4. Reihe: an den Rändern je 1 Stb verdoppeln = 16 Stb

5. Reihe: 16 Stb

6. Reihe: an den Rändern je 1 Stb verdoppeln = 18 Stb

7–9. Reihe: 18.

Ab hier nicht mehr verbinden.

10. Reihe: an den Rändern je 2 Stb zusammenabmaschen = 16 Stb

11. Reihe: an den Rändern je 2 Stb zusammenabmaschen = 14 Stb

12. Reihe: an den Rändern je 2 Stb zusammenabmaschen = 12 Stb

13. Reihe: an den Rändern je 2 Stb zusammenabmaschen = 10 Stb

14. Reihe: an den Rändern je 2 Stb zusammenabmaschen = 8 Stb

15. Reihe: an den Rändern je 2 Stb zusammenabmaschen = 6 Stb

Mit einer Runde feste M abschließen.

Fußteil

Stb-Reihen, dabei immer am Reihenanfang und Ende zwei Maschen überspringen, nach ca. 10 Reihen die Arbeit mit 1 Runde fM einfassen und in die hintere Mitte aus ca. 12 Lm eine Aufhängschlinge arbeiten.

Das Schuhband aus Lm häkeln oder ein fertiges Band einziehen.

50 g Elisa Easy in Weiß

50 g Elisa Easy in Grün

Patschen und Schlapfen

Blauer Hausschuh „Patschen"

50 g/100 g Easy in Blau

Groß

37 Lm, 35 Stb, 7 Stb in die letzte Luftmasche, auf der anderen Seite wieder 35 Stb und in die letzte Lm 7 Stb.

Die 35 Stb bleiben gleich, die 7 Stb werden in der zweiten und dritten Runde verdoppelt: 2. Runde 14 Stb, 3. Runde 28 Stb.

Zwei Runden in Stb weiterhäkeln.

Die mittleren 18 Stb (evtl. mit einem Hilfsfaden) markieren, 3 Stb zusammen abmaschen, 12 Stb häkeln, 3 Stb zusammen abmaschen.

In den folgenden 6 Runden immer die Masche vor und die Masche nach der zusammen abgemaschten Masche wieder zusammen abmaschen.

Die Arbeit an der Oberkante mit fM umhäkeln und in der hinteren Mitte mit 15 Lm eine Aufhängeschlinge arbeiten.

Klein

Die kleinen Schuhe ebenso häkeln, allerdings entfallen die 3. und 5. Runde.

Für die Abnahmen die mittleren 14 Stb markieren und die Abnahmen nach 4 Runden beenden.

Zuletzt mit fM umhäkeln und in der hinteren Mitte mit 15 Lm eine Aufhängeschlinge arbeiten.

Lila Hausschuh „Patschen", knöchelhoch

50 g/100 g Easy in Lila

Groß

42 Lm, 40 Stb, 7 Stb in die letzte Lm, 40 Stb in die andere Seite der Lm-Kette, 7 Stb in die letzte Lm.

2. Runde: jeweils die 7 M an den Rändern verdoppeln = 40 Stb + 14 Stb + 40 Stb + 14 Stb = 108 Stb

3. Runde: jeweils die 14 M an den Rändern verdoppeln = 40 Stb + 28 Stb + 40 Stb + 28 Stb = 136 Stb

Drei Runden gerade weiterhäkeln.

Die mittleren 24 Stb (evtl. mit einem Hilfsfaden) markieren, 3 Stb zusammen abmaschen, 18 Stb, 3 Stb zusammen abmaschen.

In den folgenden 6 Runden immer die Masche vor und nach der zusammen abgemaschten Masche zusammen abmaschen.

Zwei Runden gerade weiterarbeiten.

Die Arbeit an der Oberkante mit fM umhäkeln und in die hintere Mitte mit 15 Lm eine Aufhängeschlinge arbeiten.

Klein

25 Lm, wird gleich gehäkelt wie der große Schuh, es entfallen die 3. und die 5. Runde

Für die Abnahmen die mittleren 18 Stb markieren, über 6 Runden abnehmen und 1 Runde gerade weiterarbeiten.

Die Oberkante mit fM umhäkeln und in die hintere Mitte mit 15 Lm eine Aufhängeschlinge arbeiten.

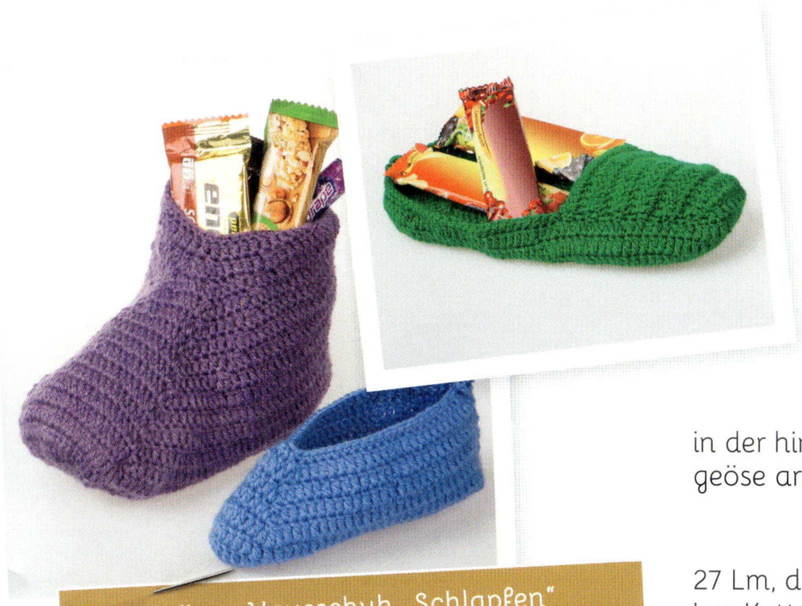

Grüner Hausschuh „Schlapfen"

50 g/100 g Easy in Grün

Groß

42 Lm, die Lm-Kette umhäkeln: 40 Stb in die Lm-Kette + 7 Stb in die letzte Lm + 40 Stb auf der anderen Seite der Lm-Kette + 7 Stb in die letzte Lm.

2. Runde: ohne Zunahmen = 94 Stb

3. Runde: jeweils die 7 M an den Rändern verdoppeln = 40 Stb + 14 Stb + 40 Stb + 14 Stb = 108 Stb

4. Runde: jeweils die 14 M an den Rändern verdoppeln = 40 Stb + 28 Stb + 40 Stb + 28 Stb = 136 Stb

5. Runde: jeweils an den Rändern jede 3. M verdoppeln = 40 Stb + 35 Stb + 40 Stb + 35 Stb = 150 Stb

Anschließend 5 Runden gerade weiterhäkeln.

Nach der 6. Runde wieder den Vorfuß über 14 Reihen arbeiten: 4 Reihen 16 Stb, dann über 4 Reihen 18 Stb und über 4 Reihen 20 Stb – dabei in Reihe 5 und Reihe 9 jeweils die erste und die letzte M verdoppeln. Laufend mit Km an der Sohle fixieren oder zuletzt annähen.

Die Öffnung mit fM umhäkeln und in der hinteren Mitte mit 15 Lm eine Aufhängeöse arbeiten.

Klein

27 Lm, die Lm-Kette umhäkeln: 25 Stb in die Lm-Kette + 7 Stb in die letzte Lm + 25 Stb auf der anderen Seite der Lm-Kette + 7 Stb in die letzte Lm.

2. Runde: ohne Zunahmen = 64 Stb

3. Runde: jeweils die 7 M an den Rändern verdoppeln: 25 Stb + 14 Stb + 25 Stb + 14 Stb = 78 Stb

4. Runde: jeweils die 14 M an den Rändern verdoppeln: 25 Stb + 28 Stb + 25 Stb+ 28 Stb = 106

5.–6. Runde ohne Zunahmen arbeiten.

Nach der 6. Runde wieder den Vorfuß über 12 Reihen arbeiten: 4 Reihen 12 Stb, dann über 4 Reihen 14 Stb und über 4 Reihen 16 Stb – dabei in Reihe 5 und Reihe 9 jeweils die erste und die letzte M verdoppeln. Laufend mit Km an der Sohle fixieren oder zuletzt annähen.

Die Öffnung mit fM umhäkeln und in der hinteren Mitte mit 15 Lm eine Aufhängeöse arbeiten.

Herr und Frau Schneemann

Kugel: 5 / 7 cm

Fertigkopf: 3,5 / 5 cm

Satinband

Garn in Weiß sowie bunte Reste für die Haube bzw. das Tuch

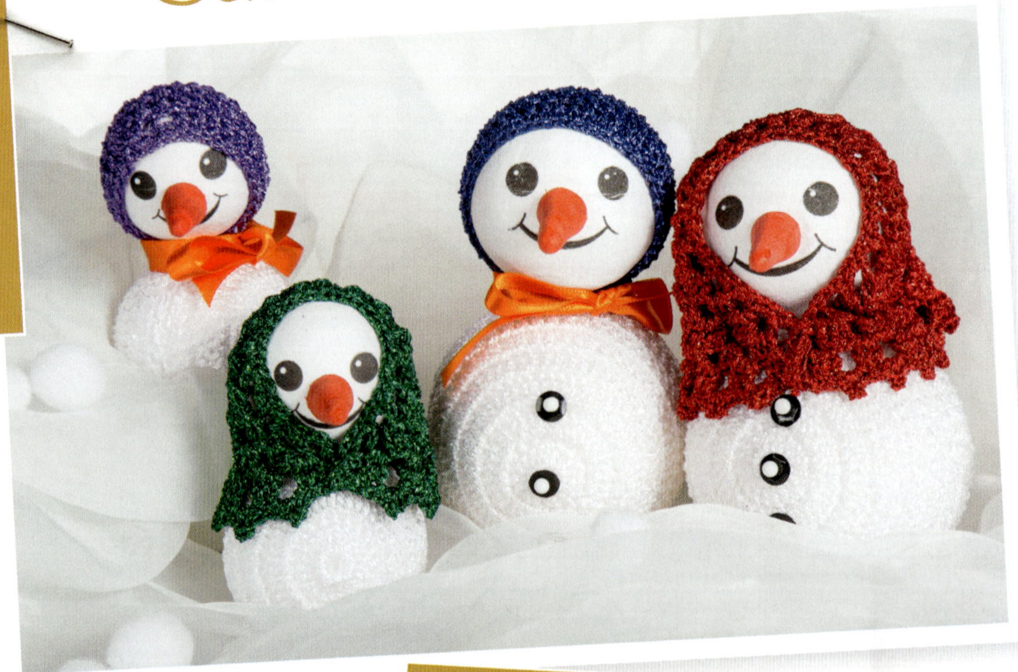

Es empfiehlt sich, die Haube während der Arbeit anzuprobieren, um die Passform zu kontrollieren oder, falls nötig, anzupassen

Um eine „feste Verbindung" der Kugeln herzustellen, dicke spitze Nähnadeln hineinstecken (Nadeln Nr. 14 mit Spitze).

Tipp

Eine runde Öse in den Kopfteil stecken, so lässt sich die Spitze leicht in den Bauchteil stecken.

Die Kugeln laut Anleitung, S. 31, umhäkeln.

Haube

Für die Haube 5 Lm, mit 1 Km zu einem Ring schließen, in der 1. Runde 12 Stb häkeln, in der 2. Runde alle Stb verdoppeln = 24 Stb, in der 3. Runde jedes 2. Stb verdoppeln = 36 Stb, in der 4. Runde jedes 2. Stb verdoppeln = 54 Stb. Weitere 4 Runden ohne Zunahme arbeiten.

Tuch

Das Tuch laut Häkelschrift auf S. 31 häkeln.

Kleine Christbaumkugeln mit Plattstich gestickt

Acrylform, 8 cm

Garn: Elisa Perlgarn Nr. 3

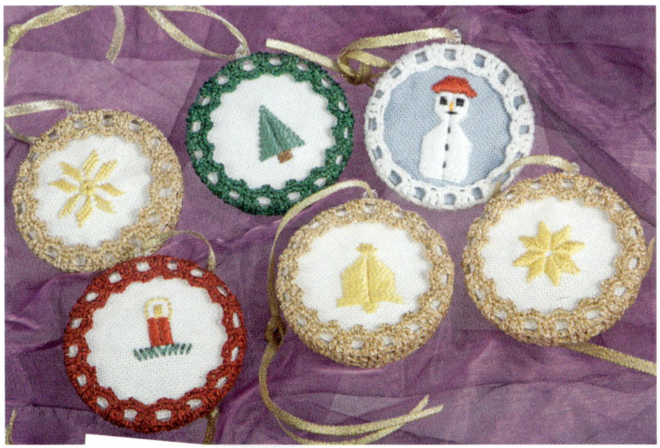

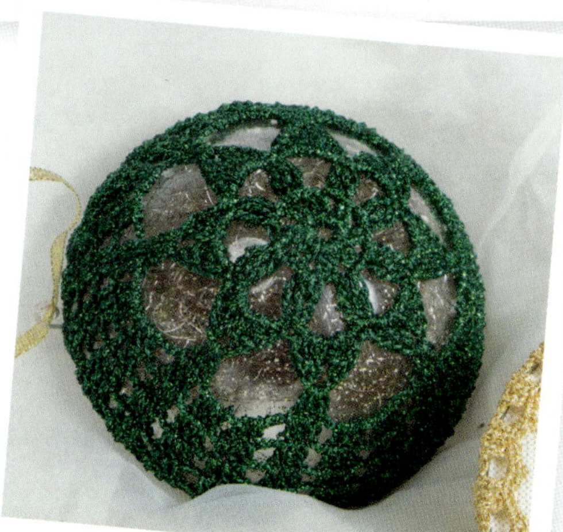

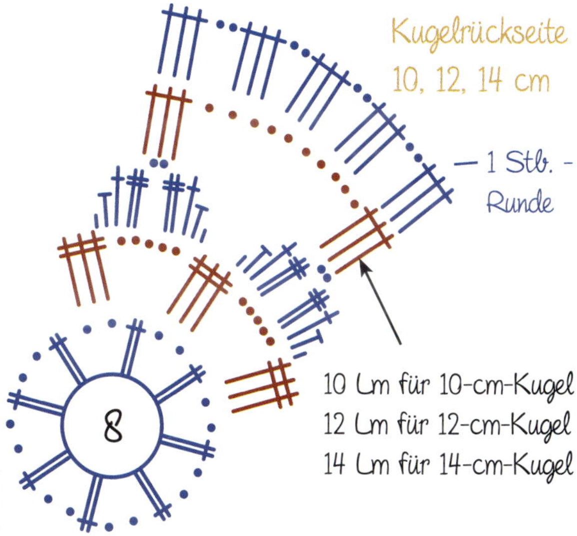

Die blaue vorletzte Runde für

8-cm-Kugel: insgesamt 3-mal.

10-cm-Kugel: insgesamt 6-mal.

12-cm-Kugel: insgesamt 8-mal.

Gehäkelte Rückseite für die gestickten Kugeln

Die Rückseiten in der jeweils gewünschten Farbe nach Häkelschrift arbeiten. Es soll immer noch eine Runde und die an der 8-cm-Kugel gezeigte Abschlussrunde über die „Hälfte" der Kugel hinausragen.

Kugel, 8 cm

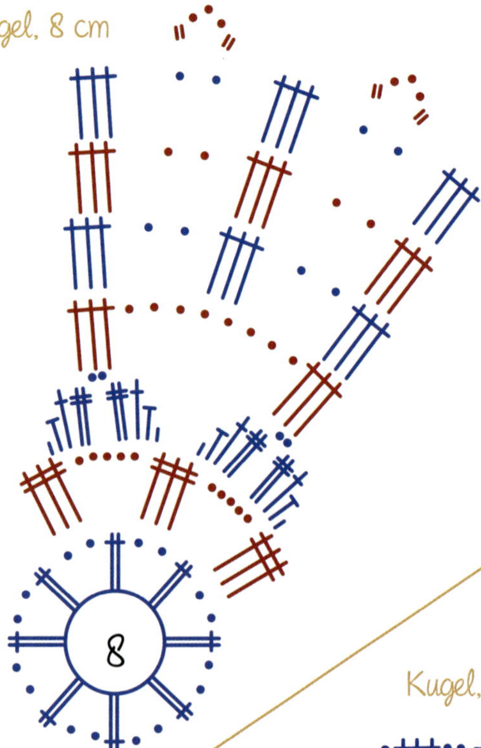

Kugel, 16 cm

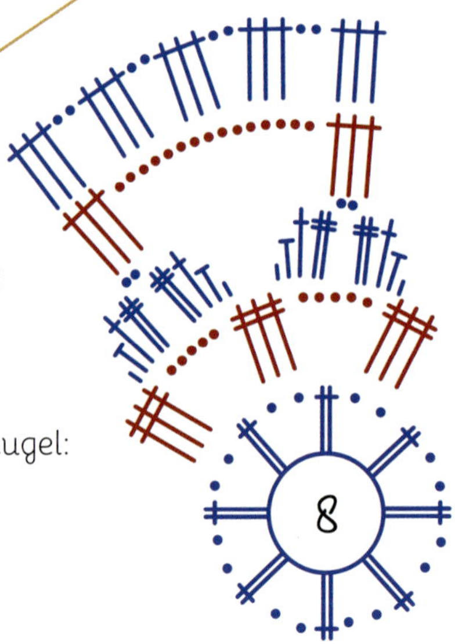

Vorletzte Runde:

8-cm-Kugel:
1 x (3 Stb, 2 Lm)

10-, 12-, 14-cm-Kugel:
2 x (3 Stb, 2 Lm)

16-cm-Kugel:
3 x (3 Stb, 2 Lm)

Halbkugeln

Das Muster nach dem jeweiligen Zählmuster sticken.

Die Kugeln haben Nut und Feder, ebenso die Trennscheiben. Immer die Stickerei auf die „lange Seite" kleben. Hier wird immer nur die halbe Kugel verwendet, da nur so eine recht stabile Konstruktion entsteht.

Die Trennscheiben evtl. auf der Rückseite – die kürzere Seite – mit Sprühlack, hier in Weiß, einsprühen, dadurch sieht man keine „Vernähfäden".

Den Rand mit Uhu bestreichen, den Stoff mittig auf die Vorderseite aufkleben.

Tipp: Umdrehen und gegen das Licht halten, damit Sie von hinten genauer sehen, ob die Stickerei mittig ist. Solange der Kleber es erlaubt, noch korrigieren. Erst wenn der Kleber fest ist, kann man die Ränder exakt zuschneiden.

Den Klebstoff trocknen lassen, anschließend den überstehenden Stoff knapp abschneiden.

In die Halbkugel etwas Engeslhaar hineingeben, die Platte einlegen und die gehäkelte Rückseite überziehen.

Der Häkelteil muss straff sitzen, notfalls bei der Abschlussrunde eine kleine Nadelstärke nehmen oder die festen Maschen reduzieren.

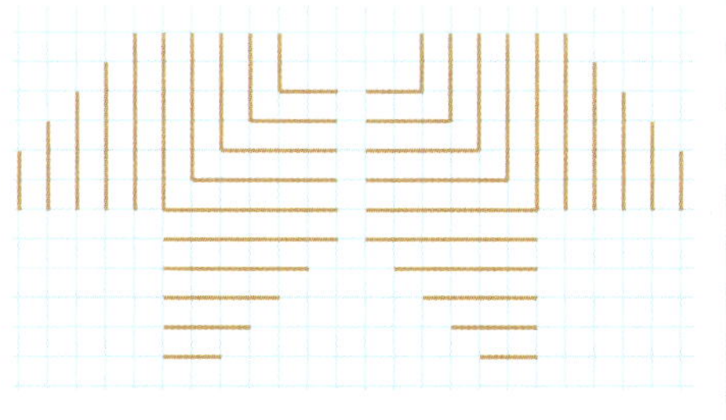

Die Halbkugeln werden angeboten in:

8 cm .... 5–6 g Garn
10 cm .... 12 g Garn
12 cm .... 15 g Garn
14 cm .... 20 g Garn
16 cm .... 25 g Garn

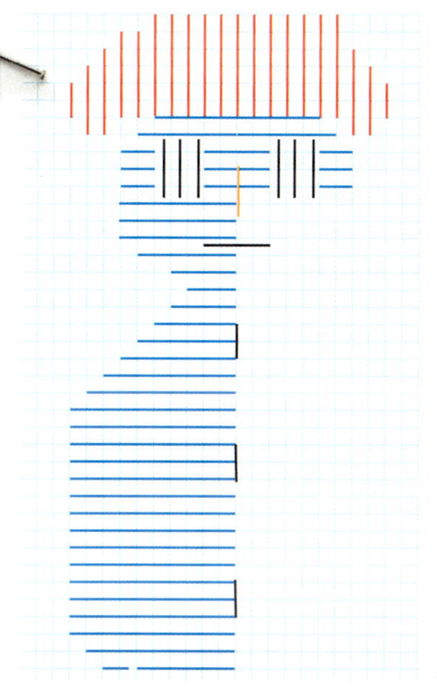

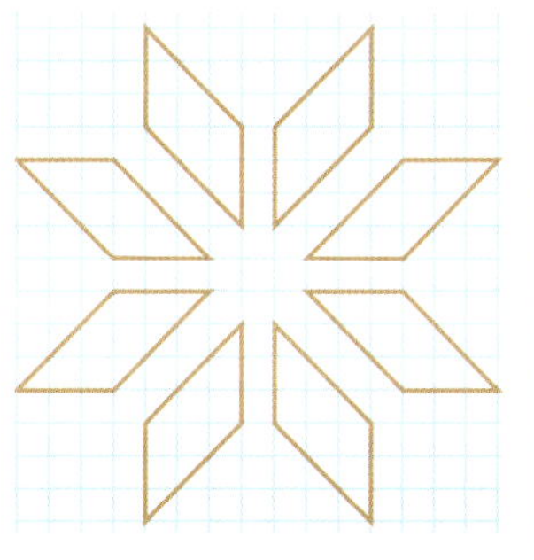

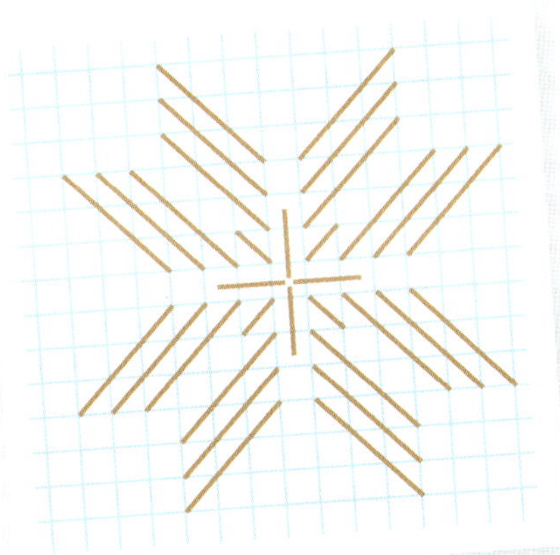

3 Sterne, Glocke: Gold 6326, Nora Gold

Schneemann: Weiß 6393, Rot 6314, Orange 6335, Schwarz 6322, Nora Weiß

Baum: Grün 6373, Braun 6306, Nora Grün

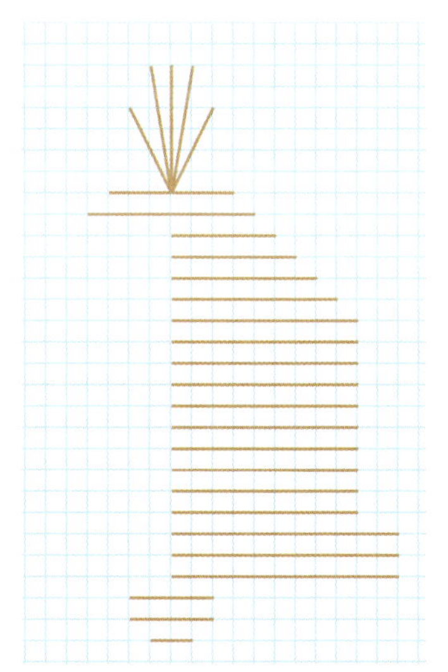

Kerze: Rot 6314, Grün 6373, Gold 6326, Nora Rot

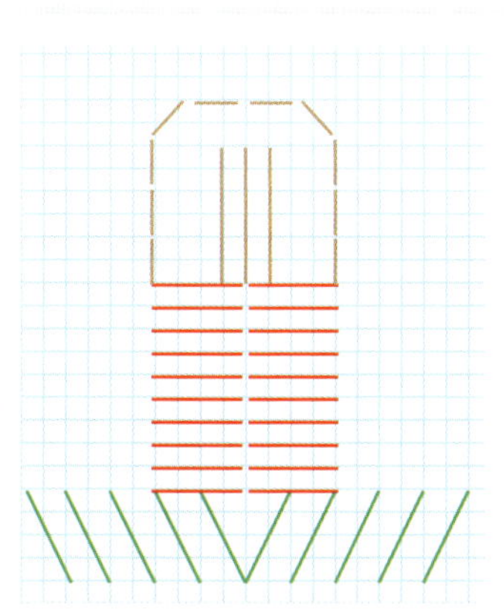

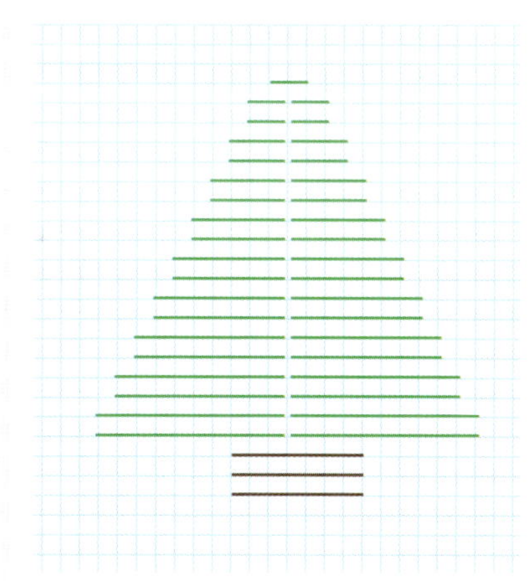

Christbaumkugeln

mit Plattstich gestickt

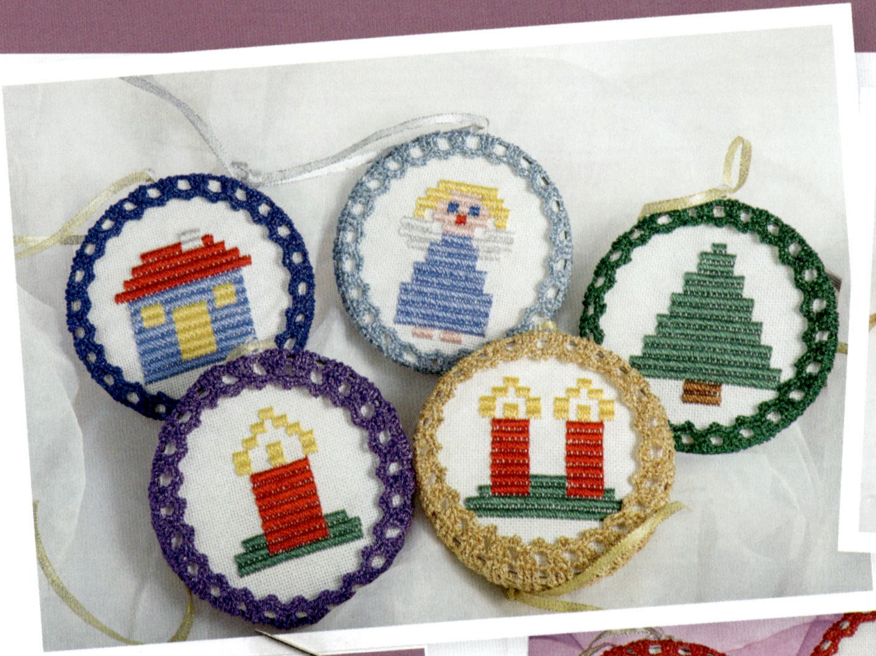

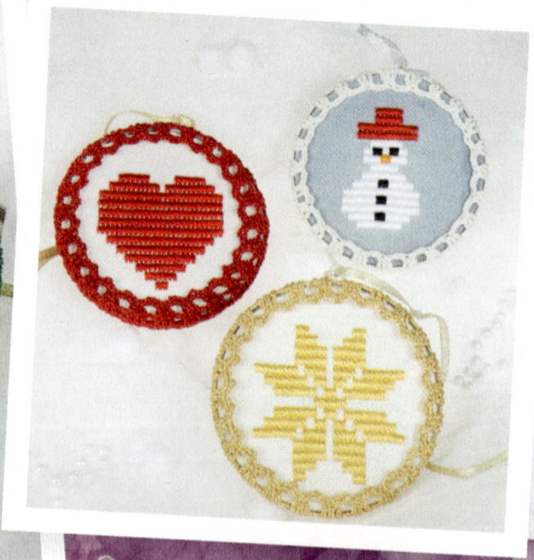

Acrylform, 12 cm

Garn: Elisa Perlgarn Nr. 3

Laut Zählmuster immer 4 senkrechte Stiche über 4 Fäden sticken.

Die Zählmuster oder eine andere Auswahl sticken und auf die Halbkugeln aufkleben.

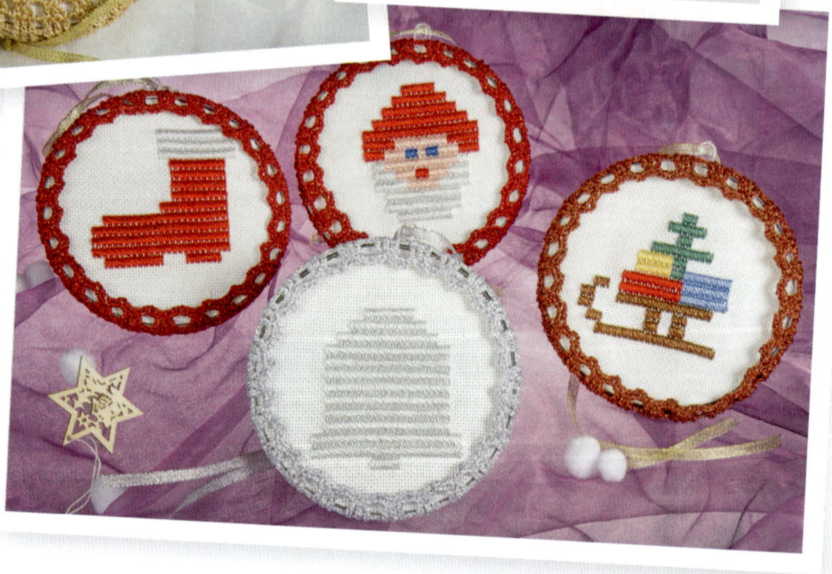

Engel: Hellblau 6381, Rosa 6389, Grau 6320, Hellbraun 6307, Rot 6312, Nora Hellblau

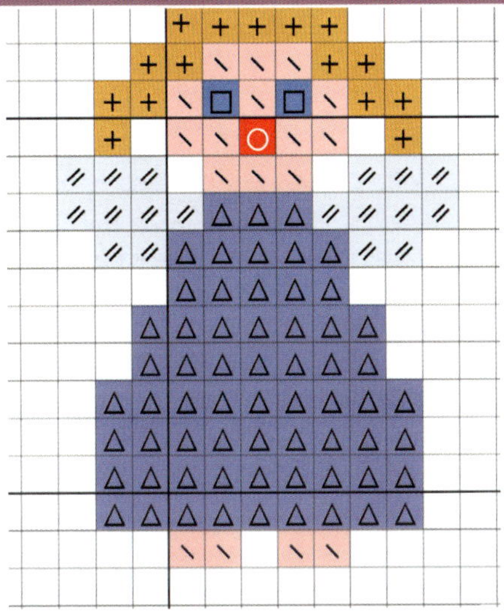

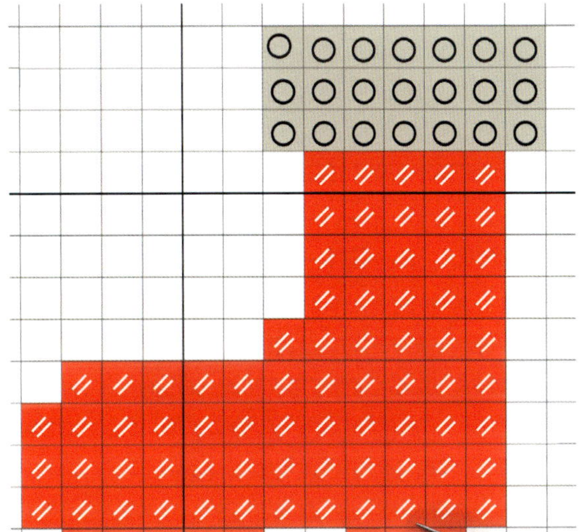

Stiefel: Rot 6314, Grau 6320, Nora Rot

Herz: Rot 6314, Nora Rot

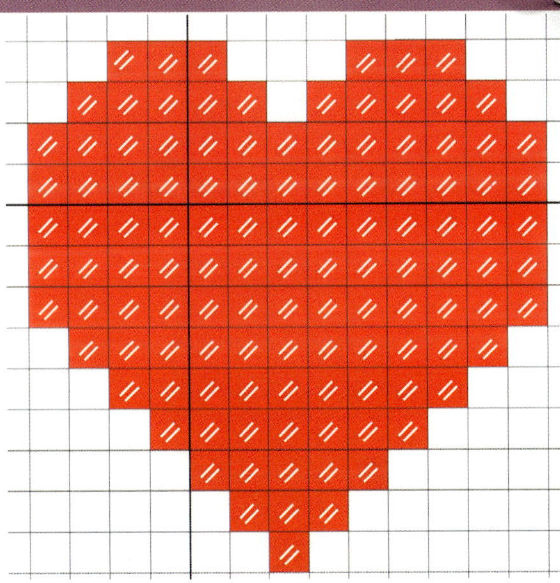

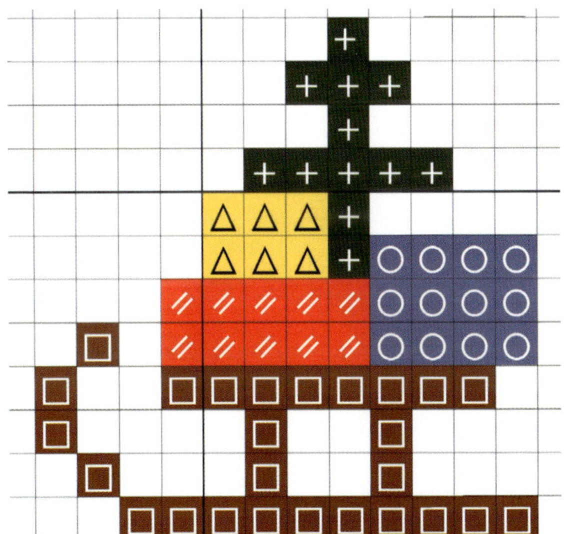

Schlitten: Braun 6306, Rot 6312, Grün 6373, Gelb 6336, Blau 6382, Nora Rost

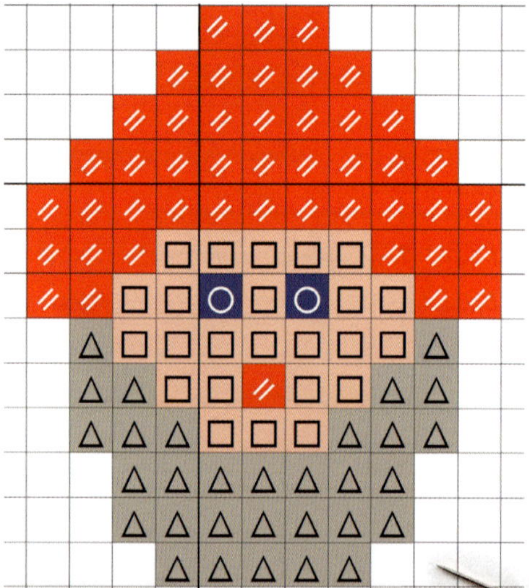

Kopf: Rot 6314, Grau 6320, Rosa 6390, Blau 6382, Nora Rot

Zwei Kerzen: Rot 6314, Grün 6373, Gold 6326, Nora Rot

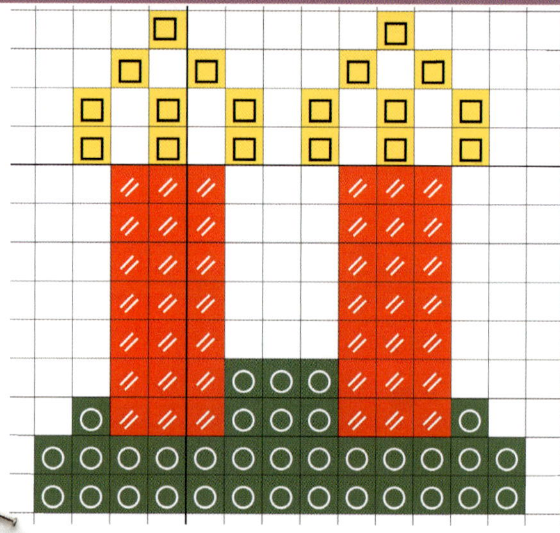

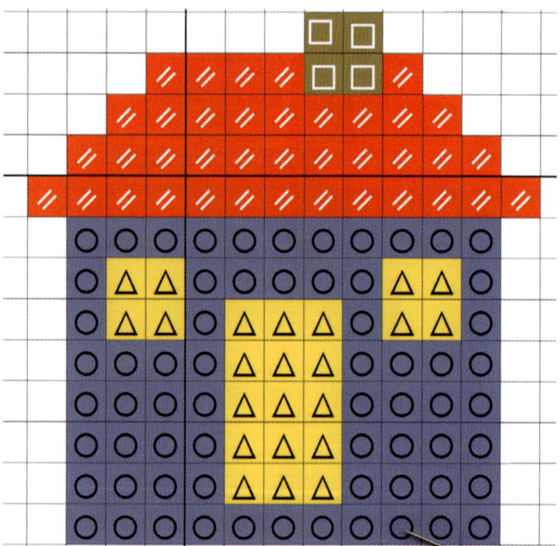

Haus: Rot 6312, Blau 6382, Grau 6320, Gelb 6336, Nora Mittelblau

Kerze: Rot 6314, Grün 6373, Gold 6326, Nora Lila

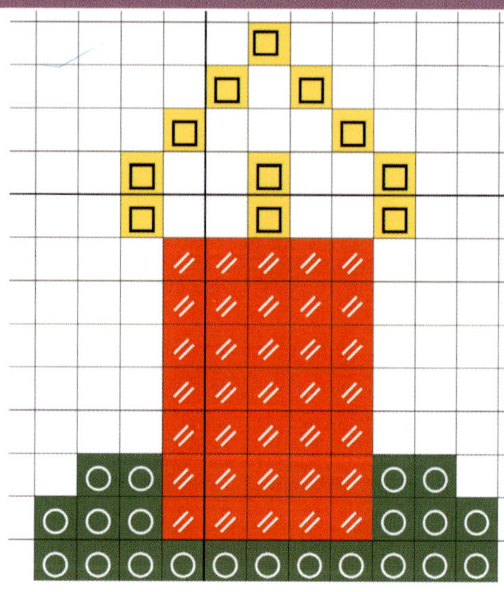

Baum: Grün 6373, Braun 6306, Nora Grün

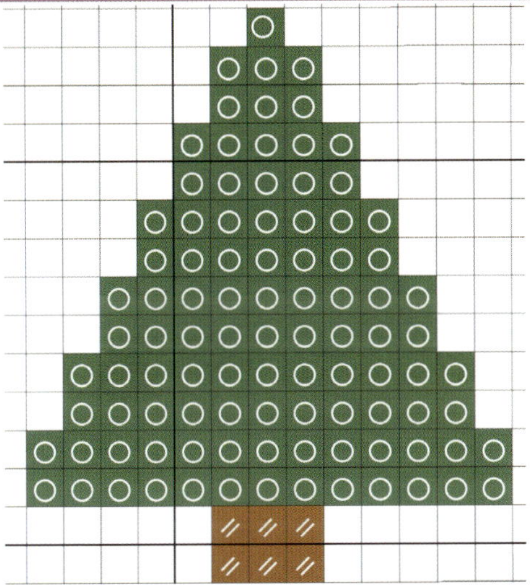

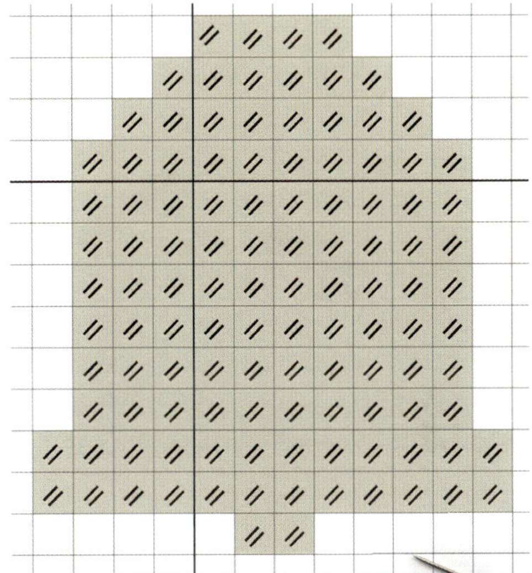

Glocke: Grau 6520, Nora Silber

Stern: Gold 6326, Nora Gold

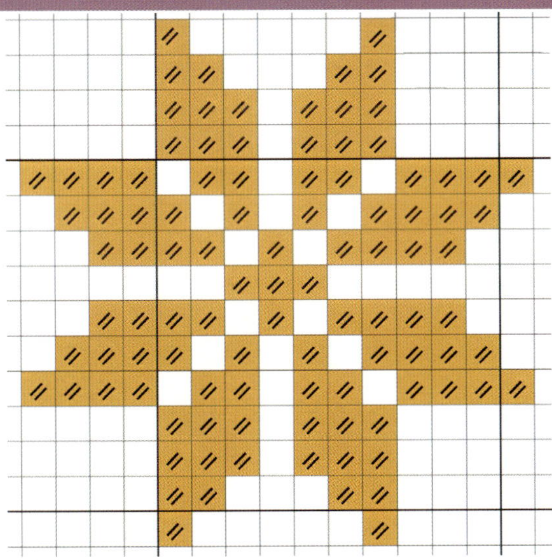

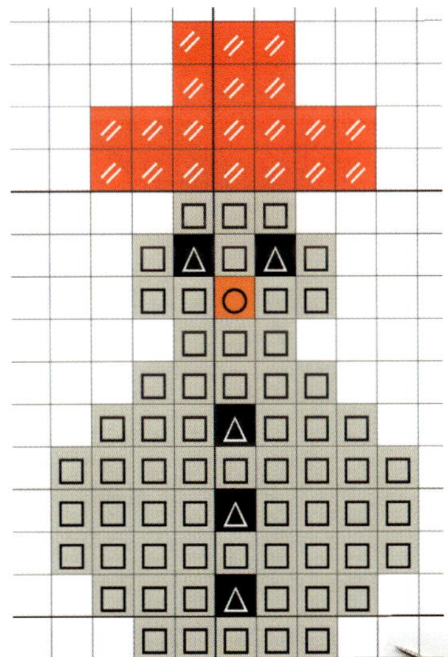

Schneemann: Rot 6314, Schwarz 6322, Orange 6335, Weiß 6393, Nora Weiß

Große Christbaumkugeln mit Kreuzstich gestickt

Acrylform, 16 cm

Garn: Anchor Perlgarn Nr. 5

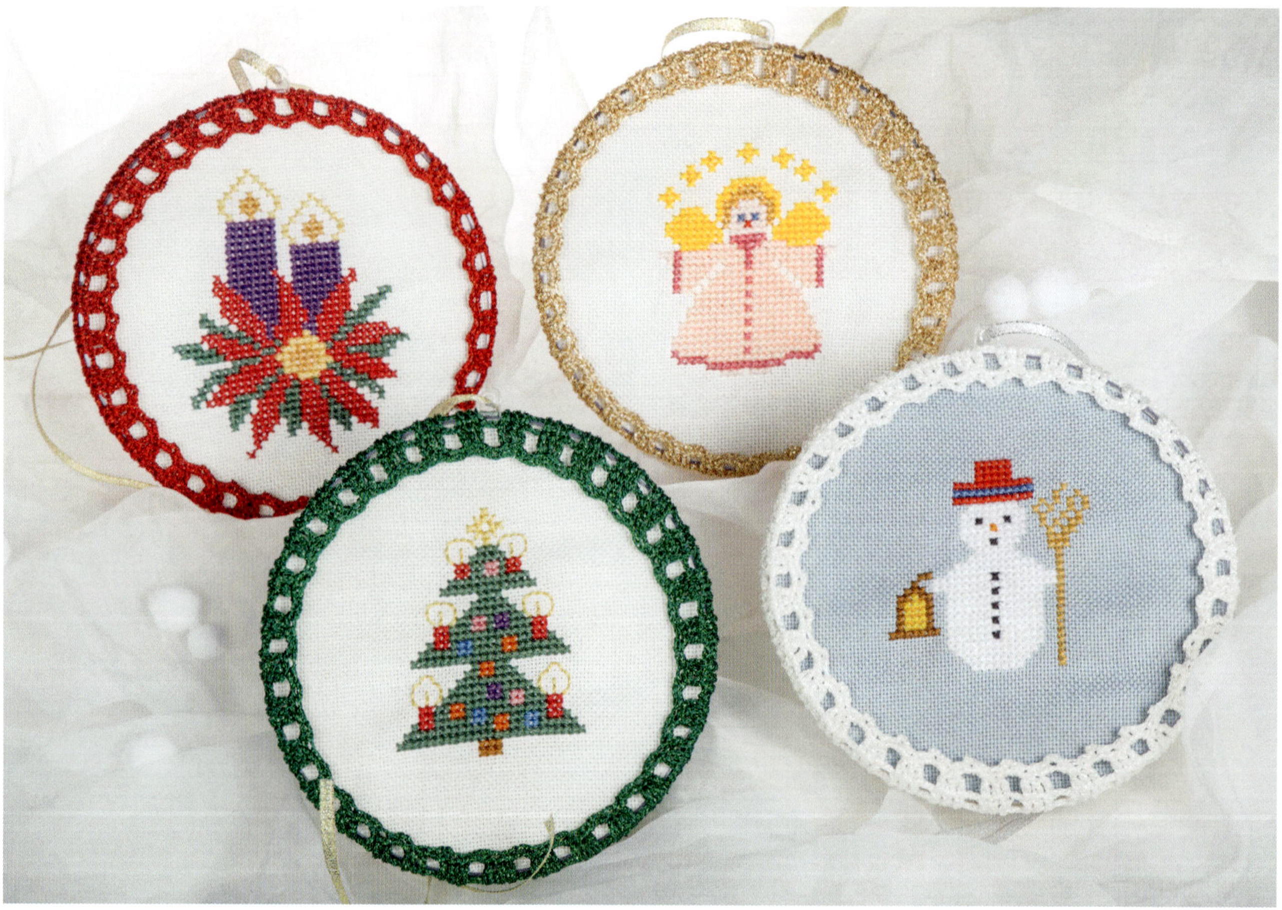

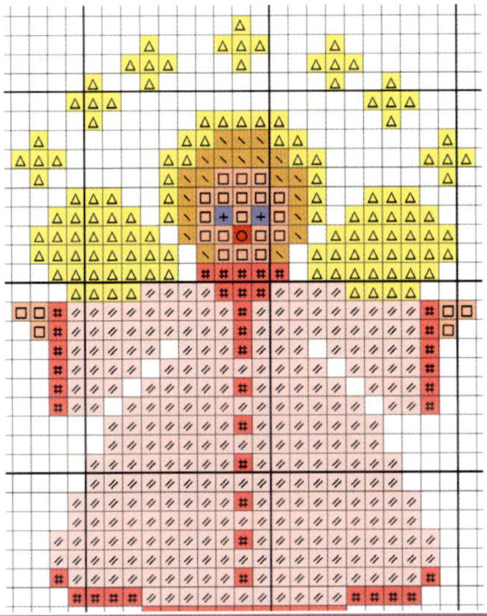

Engel: Rosa 25, 27 (Kleid), Haut 6, Blau 146, Rot 19, Braun 307, Gold 306

Baum: Grün 216, Braun 310, Gold 306, Rot 19, Rosa 970, Lila 98, Rost 340

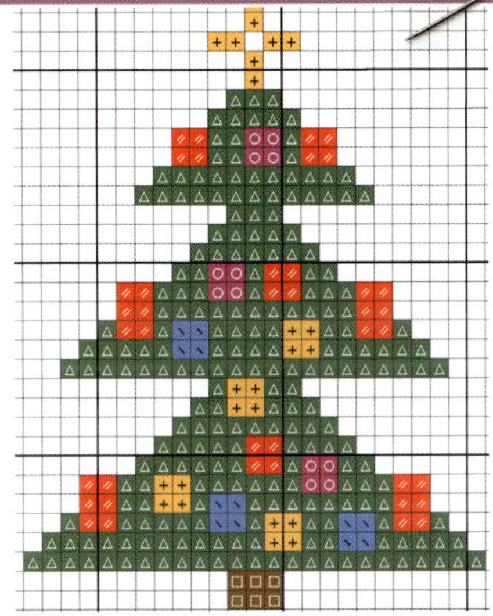

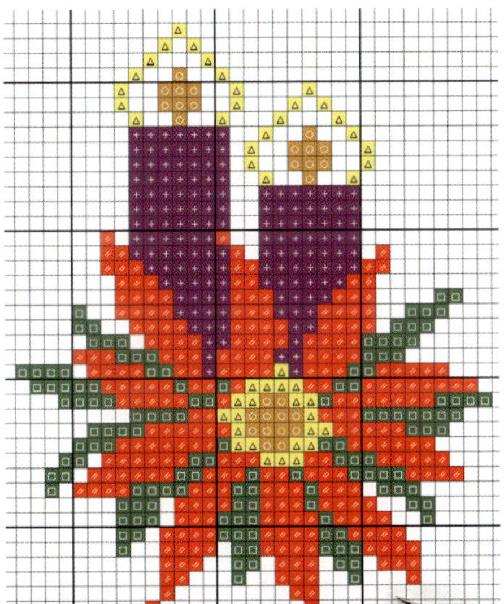

Zwei Kerzen: Rot 47, Grün 216, Lila 98, Braun 307, Gold 306

Schneemann: Weiß 1, Rot 19, Blau 146, Schwarz 403, Braun 310, Hellbraun 307, Orange 316

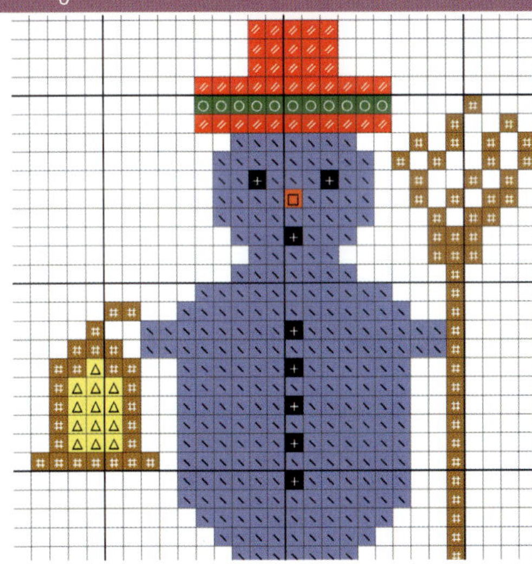

Christbaumkugeln mit Schwarzstickerei

Die Schwarzstickerei ist eine alte Technik, die ihre Wurzeln im Orient hat und im 15. und 16. Jahrhundert über die Seefahrt nach Spanien kam. Vor rund 500 Jahren wurde die bunte Seide, die für die Männerkleidung verwendet wurde, mit feinen schwarzen Linienstichen bestickt. Diese Stickart wird hauptsächlich im Rück- bzw. Linienstich in einer Farbe auf einem kontrastierenden Grund ausgeführt. Sowohl Kleidung als auch Dekosachen wurden auf diese Weise verziert, für Wäsche meistens Schwarz auf Weiß, auf Mustertüchern und bei Bauerntrachten allerdings auch mit kräftigen Farben. Die Muster sind entweder streng geometrisch, auf Borten oder Kragen, oder aber auch figürlich und zeigen Landschaften, Tiere oder Pflanzen. International bekannt ist diese Arbeit als „Blackwork". In unseren Breiten hört man auch gelegentlich den Begriff „Holbeintechnik", weil man in vielen Portraits von Hans Holbein d. J. aufwändige Schwarzstickerei vorfindet.

Garn: Anchor Perlgarn Nr. 5

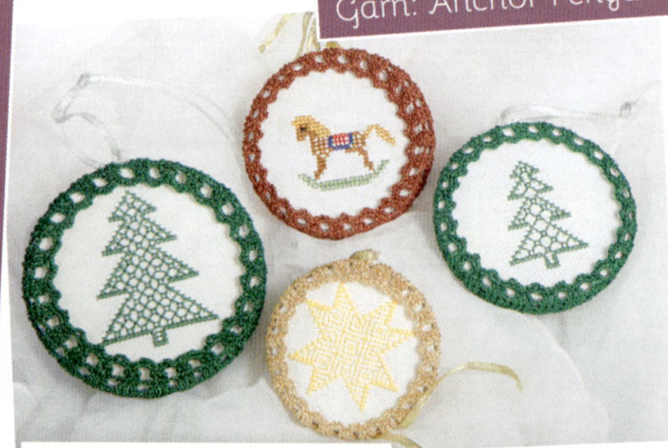

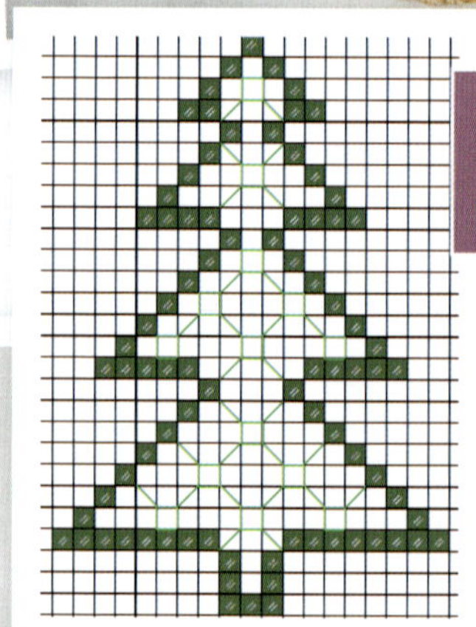

Baum, klein: Kugel, 10 cm, Nora Dunkelgrün, Grün 216

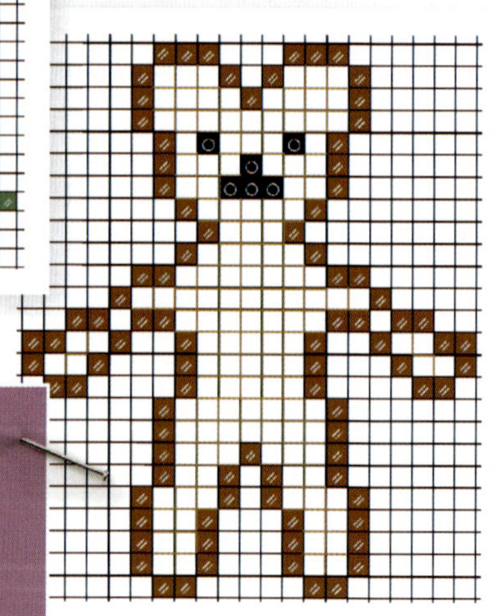

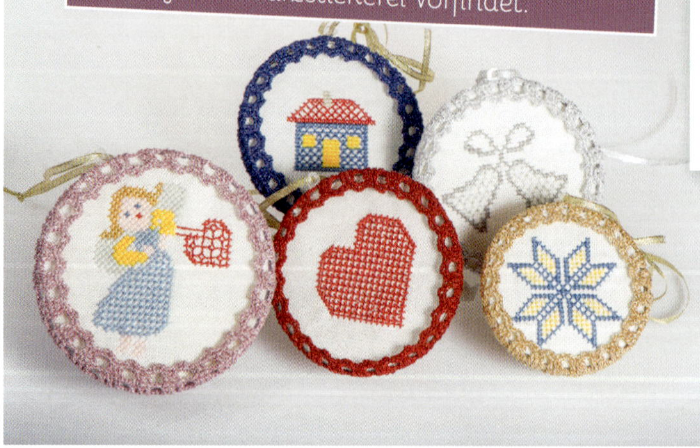

Teddy: Kugel, 10 cm, Nora Rost, Braun 310, Hellbraun 307, Schwarz 403

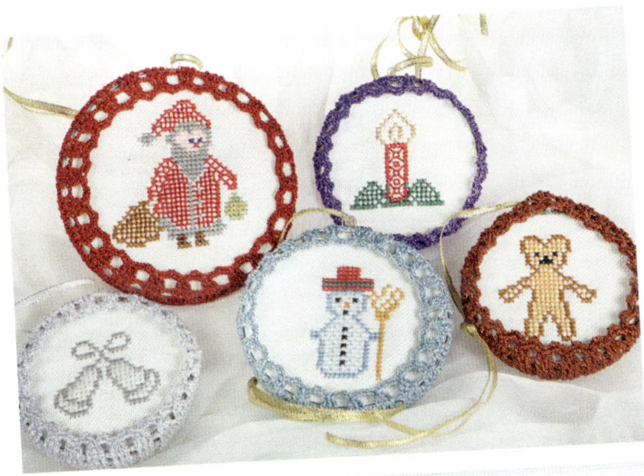

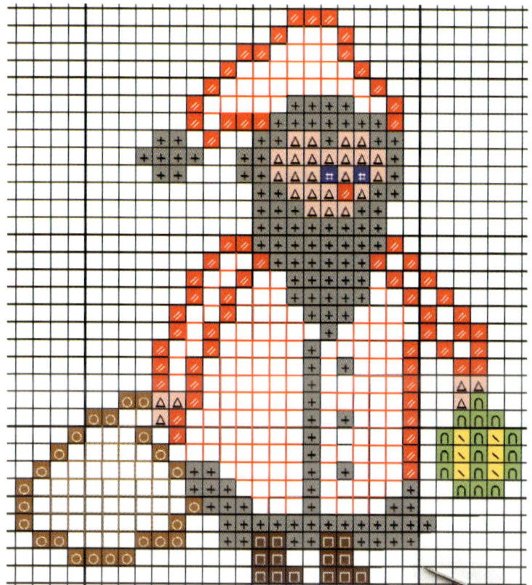

Weihnachtsmann: Kugel, 14 cm, Nora Rot, Rot 47, Grau 399, Rosa 968, Blau 148, Grün 266, Gelb 298, Braun 310

Schneemann: Kugel, 12 cm, Nora Weiß, Weiß 1, Rot 47, Grün 217, Schwarz 403, Orange 316, Braun 309

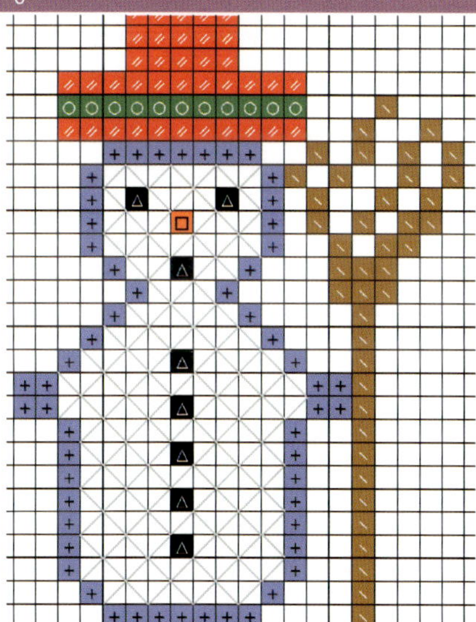

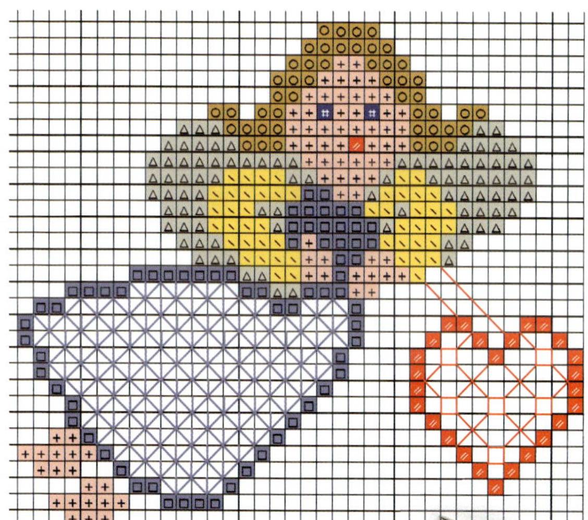

Engel: Kugel, 14 cm, Nora Rosa, Blau 130, Rot 47, Rosa 968, Gelb 302, Braun 307, Grau 397, Blau 148 (Augen)

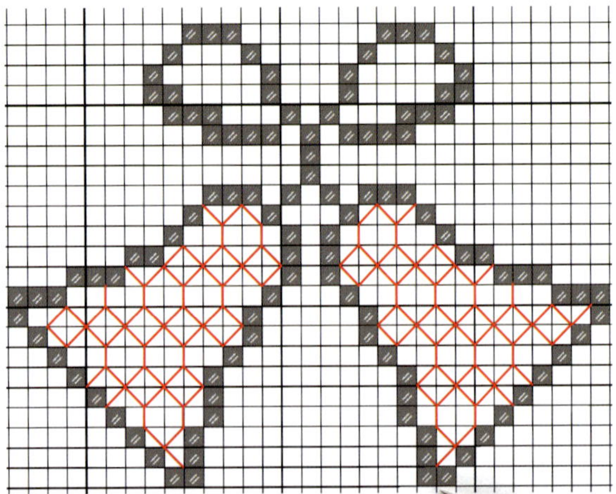

Glocke, groß: Kugel, 12 cm, Nora Silber, Grau 398, 397 (Füllung)

Baum, groß: Kugel, 14 cm, Nora Dunkelgrün, Grün 216

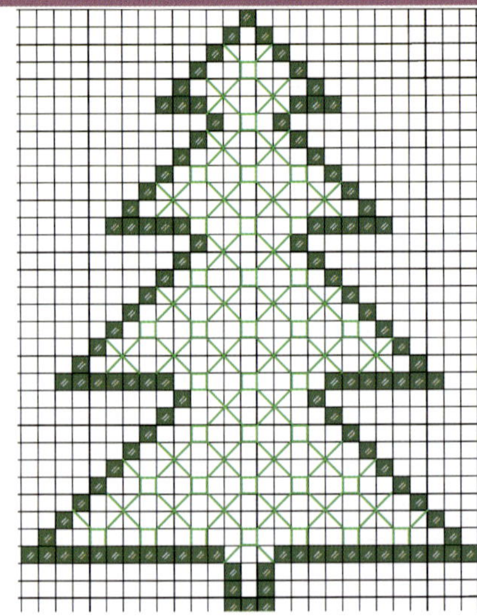

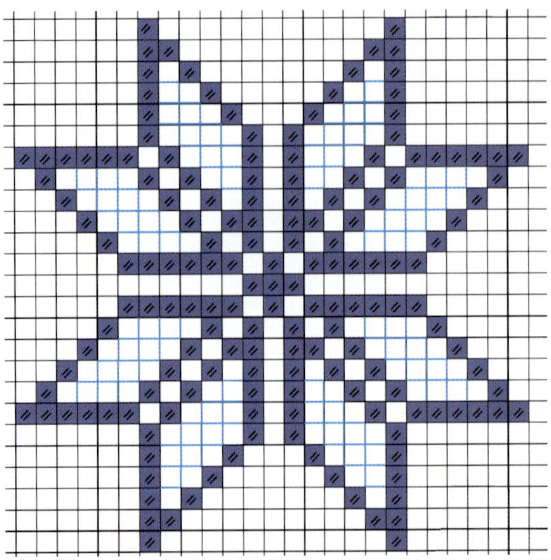

Stern: Kugel, 10 cm, Nora Gold, Blau 146, Gold 306

Stern: Kugel, 10 cm, Nora Gold, Gold 306

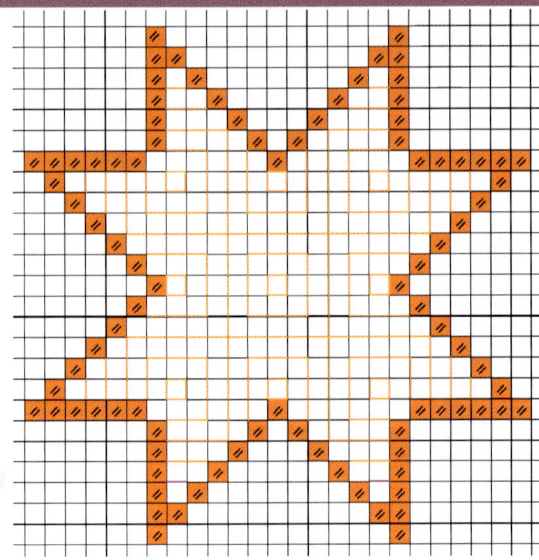

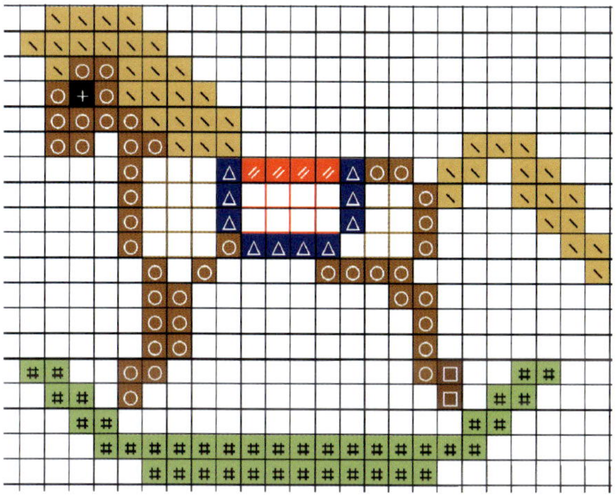

Schaukelpferd: Kugel, 12 cm, Nora Rost, Grün 267, Braun 310, Hellbraun 307, Rot 6512, Blau 147, Schwarz 403

Herz: Kugel, 12 cm, Nora Rot, Rot 47

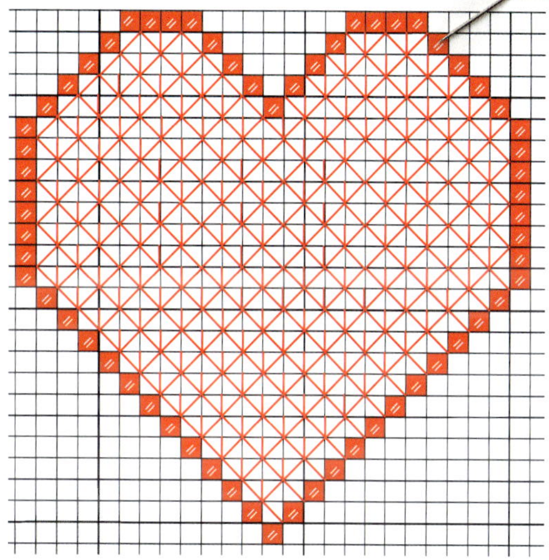

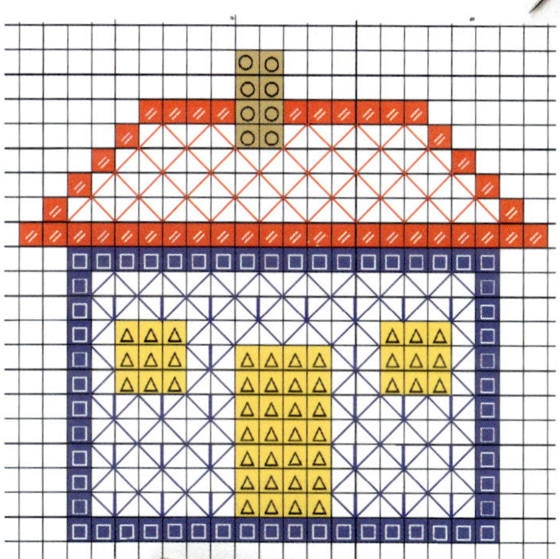

Haus: Kugel, 12 cm, Nora Dunkelblau, Blau 146, Rot 19, Grau 397, Gelb 298

Kerze: Kugel, 12 cm, Nora Lila, Rot 47, Grün 216, Gold 306

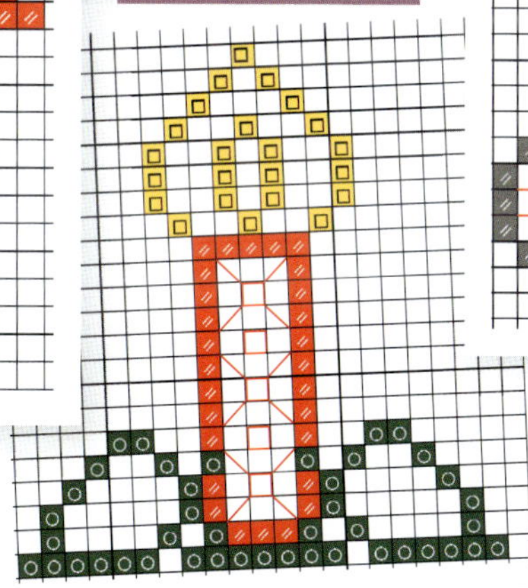

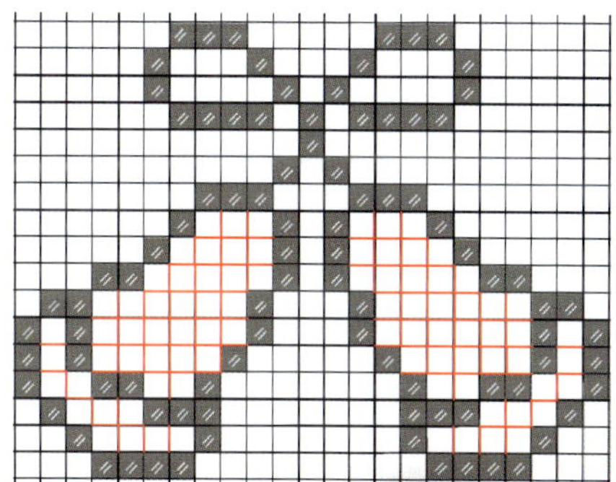

Glocke, klein: Kugel, 10 cm, Nora Silber, Grau 398, 397 (Füllung)

Geschenkideen

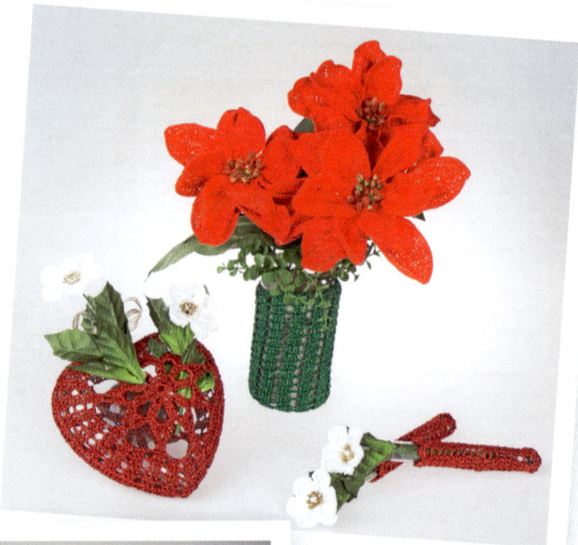

Weihnachtsstern & Schneerose

Garn: Elisa 10, 100 g in Rot und 50 g in Weiß

3 stabile Kunstblumen für die Weihnachtssterne

11 Kunstblumen für die Schneerosen

Kerzenringe

5 Reagenzgläser

Herz, 14 cm

Glas für Weihnachtsterngesteck

Evtl. Grünzeug als Deko

Die Blüten nach Häkelschrift arbeiten, an den Kunstblumen die Seide entfernen, beim Weihnachtsstern das „Plastikgerüst" erhalten und die Häkelarbeit unsichtbar daran annähen (damit die Blumen halten, reicht es, sie bei der äußeren Blätterrunde anzunähen.

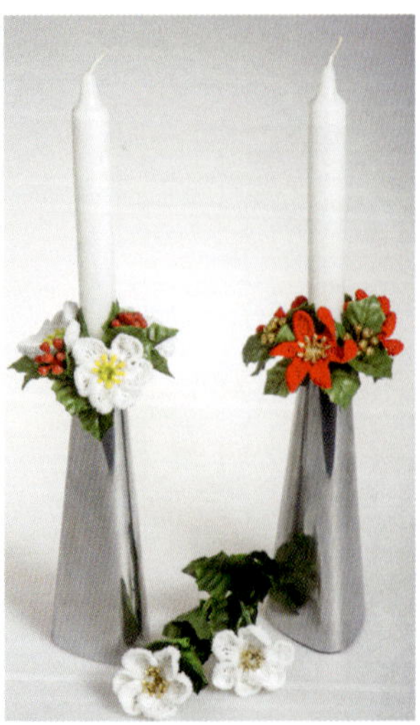

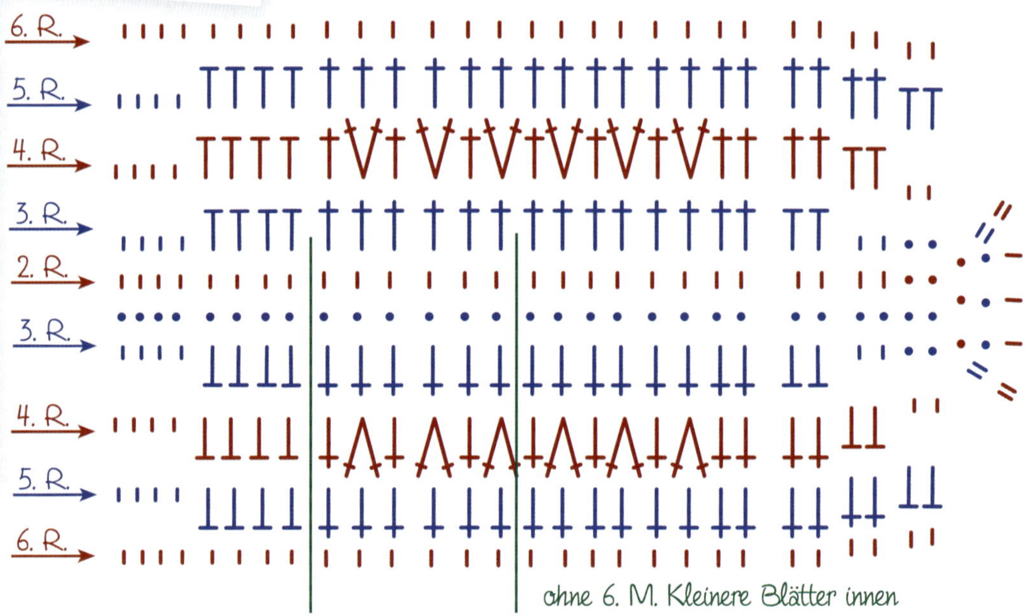

Weihnachtsstern Groß

Schneerose

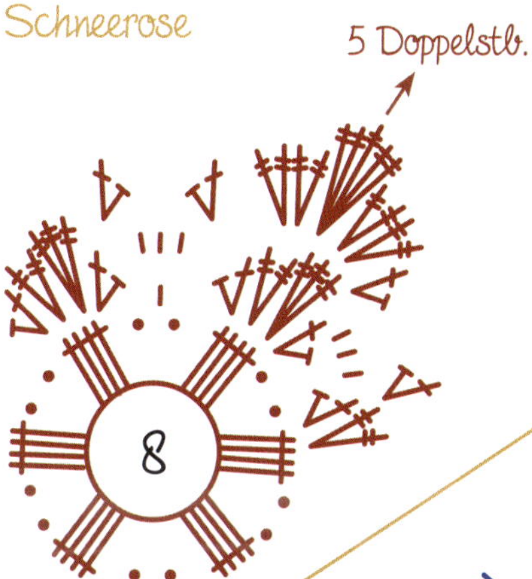

Rotes großes Herz

Acrylform, 14 cm
Madeira Nora, 25 g in Rot

Genauso arbeiten, jedoch 9 M = 9 x 2 Stb

Nach der Häkelschrift von der Halbkugel, 12 cm, S. 45, 4 Stäbchenrunden arbeiten.

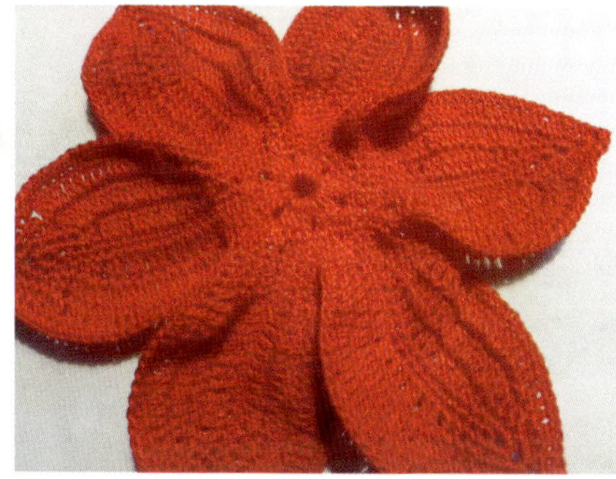

Innenrunde gr. Weihnachtsstern

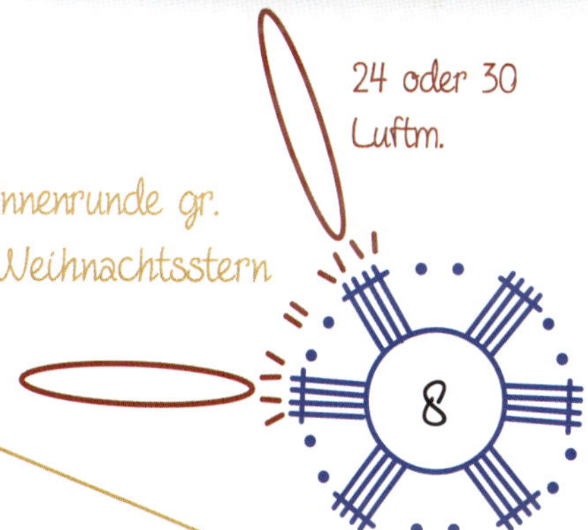

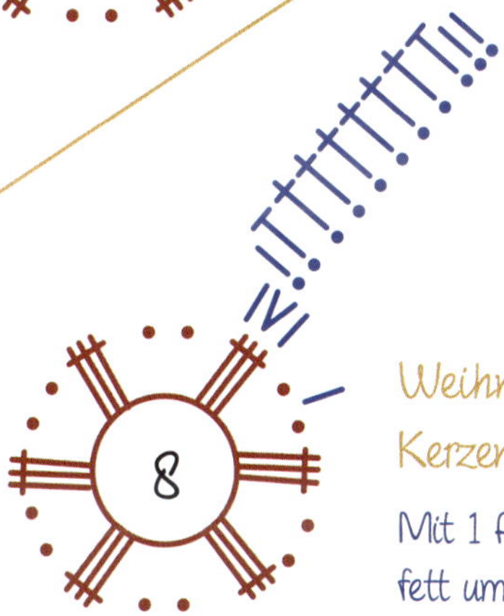

Weihnachtsstern klein Kerzenring

Mit 1 Runde fett umhäkeln

Reagenzglas mit Schneerose

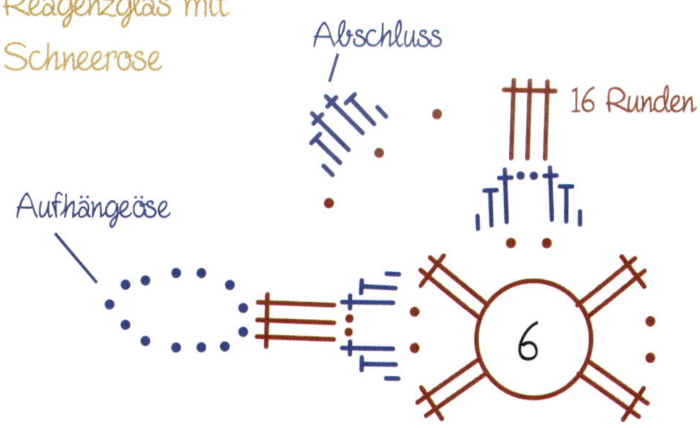

Glas für Weihnachtsstern

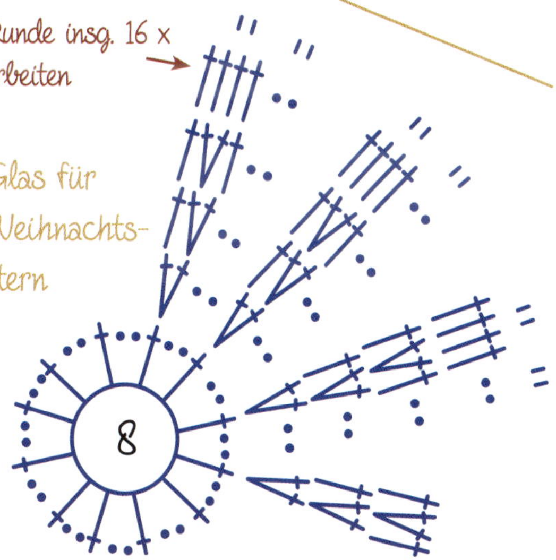

Lampenschirm mit Schneemann

Einen Lampenschirm mit dem Garn Nora in Dunkelblau umhäkeln und nach Wunsch dekorieren.

Der Schneemann wird aus Nora in Weiß und Rot gehäkelt und mit Perlen verziert.

Schneemann

Kopf: 7 Lm anschlagen, mit 1 Km zur Runde schließen und 24 DStb in den Kreis häkeln. Mit einer Runde Krebsmaschen umhäkeln.

Bauch: 7 Lm anschlagen, mit 1 Km zur Runde schließen und 18 Stb in den Kreis häkeln. In Runde 2 die Maschen verdoppeln und in Runde 3 mit Krebsmaschen (oder fM) abschließen.

Mütze: wird in Runden gehäkelt. 5 Lm anschlagen, mit 1 Km zur Runde schließen. 12 Stb in den Ring häkeln und in den zwei folgenden Runden je 6 Maschen zunehmen. 4. Runde ohne Zunahmen häkeln und zum Schluss mit fest gehäkelten fM abschließen.

Zuletzt mit Perlen oder Zierstichen dekorieren.

Kugel für Kette

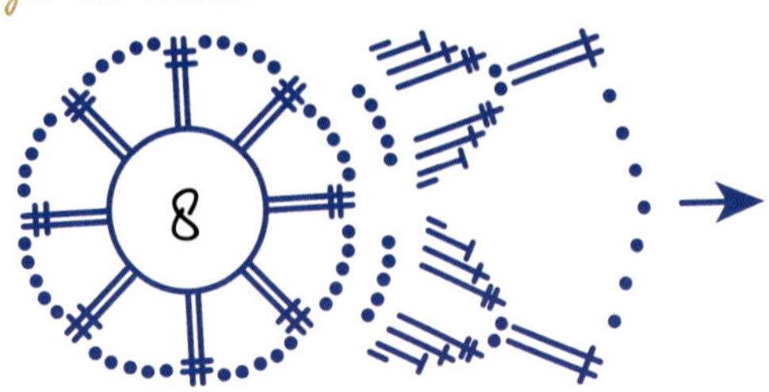

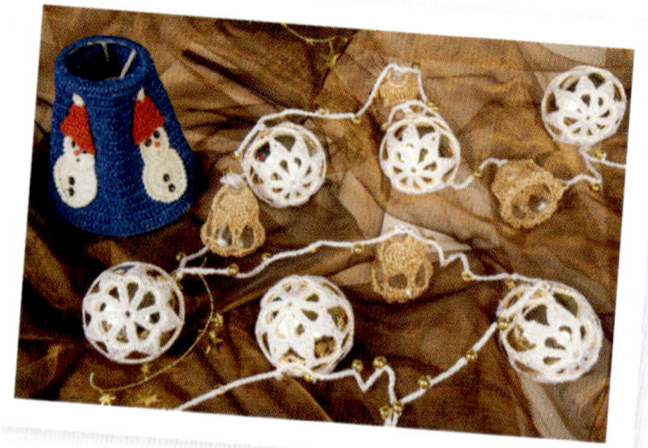

Christbaumkette mit Perlen

Die Kugeln und die Glocken nach Häkelschrift arbeiten.

Auf das Garn die gesamten 112 Perlen auffädeln. Die Aufhängekette ist doppelfädig gehäkelt.

Ein Mustersatz umfasst 40 Lm, die sich wie folgt aufteilen: 8 Lm, 1 Perle, 8 Lm, 1 Perle, 8 Lm, 1 Perle, 8 Lm, 1 Perle, 8 Lm, dann die Aufhängeöse der Form mitfassen und wieder mit 8 Lm, 1 Perle usw. weiterhäkeln.

Glocke für Kette

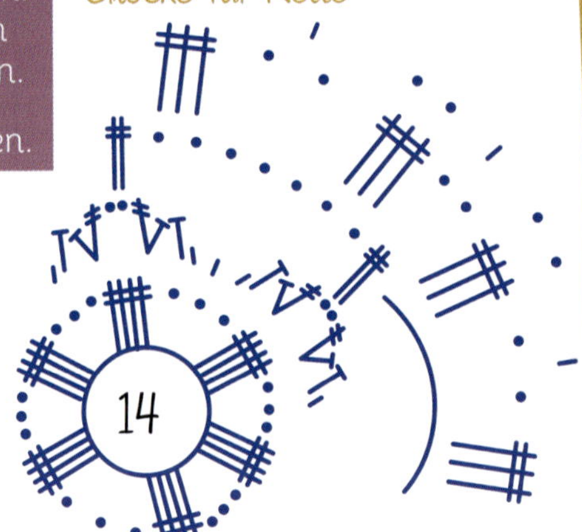

14 goldfarbene Kugeln, 6 cm, und 13 Glocken, 5,5 cm.

Garn Madeira Nora: 4 Knäuel in Weiß und 2 Knäuel in Gold

112 Goldperlen, 8 mm